Klara Kirschbaum

24 Logicals für die Adventszeit – 5./6. Klasse

Rätsel für die 5./6. Klasse
in zwei Differenzierungsstufen

Klara Kirschbaum studierte in Karlsruhe Lehramt für die Grundschule mit den Fächern Deutsch, Religion und Sachunterricht. Sie absolvierte das Referendariat an einer Grundschule in Köln und arbeitet seitdem in Hamburg. Klara Kirschbaum ist Autorin zahlreicher Lehrwerke.

1. Auflage 2024

AAP Lehrerwelt GmbH
Veritaskai 3
21079 Hamburg
Telefon: +49 (0) 40325083-040
E-Mail: info@lehrerwelt.de
Geschäftsführung: Andrea Fischer, Sandra Saghbazarian
USt-ID: DE 173 77 61 42
Register: AG Hamburg HRB/126335

Autorschaft:	Klara Kirschbaum
Covergestaltung:	TSA&B Werbeagentur GmbH, Hamburg
Coverfoto:	Panoramic view of happy snowman in winter secenery with copy space_Von rangizzz – stock.adobe.com
Illustrationen:	Barbara Gerth, Kristina Klotz, Petra Lefin, Stefan Lukas, Carla Miller, Katharina Reichert-Scaborough
Satz:	Satzpunkt Ursula Ewert GmbH, Bayreuth
Druck und Bindung:	Korrekt Nyomdaipari Kft., Budapest

ISBN/Bestellnummer: 978-3-403-21271-3
www.persen.de

Inhalt

Vorwort

Liebe Kolleginnen und Kollegen,

Kinder und Jugendliche lieben Weihnachten und sie lieben Rätsel. Mit den *24 Logicals für die Adventszeit* können sich die Schülerinnen und Schüler durch den Advent knobeln und sich so die Wartezeit auf Weihnachten versüßen.

Die Logicals können

- als Einstieg in den Unterricht,
- für eine Vertretungsstunde,
- für die Freiarbeit oder
- als Hausaufgabe eingesetzt werden.

Die 24 Rätsel eignen sich zudem als Rätsel-Adventskalender. – Dazu erhält die Lerngruppe jeden Tag ein weiteres Rätsel.

Durch sorgfältiges und sinnentnehmendes Lesen können die Fragen bzw. konkreten Aufgabenstellungen der Logicals beantwortet werden: Hier ist genaues Lesen, Kombinieren von Informationen und Mitdenken gefragt. Die Detektivinnen und Detektive fördern so auf spielerische und motivierende Weise ihre Lese- und Denkfähigkeit. Es kann allein oder in Partnerarbeit geknobelt werden.

Jedes der 24 winterlichen Logicals wird in zwei Schwierigkeitsstufen angeboten. So werden Sie den unterschiedlichen Fähigkeiten und Lernvoraussetzungen der Lerngruppe gerecht.

Die einfache Stufe umfasst 9, die schwierigere 11 Aussagesätze.

Die Schülerinnen und Schüler müssen mehr mitdenken und kombinieren, je mehr Informationen zur Verfügung stehen. Damit alle an dem gleichen Thema arbeiten und auch zu einem gleichen Ergebnis kommen, haben beide Differenzierungsstufen eine gemeinsame Frage, die beantwortet werden muss.

Es gibt bei der Bearbeitung unterschiedliche Herangehensweisen. Es gibt Logicals, die hauptsächlich durch das Ausmalen von Bildern zu lösen sind, oder auch welche, bei denen selbst gezeichnet werden soll. In jedem Fall ist eine Tabelle auszufüllen. Die Reihenfolge der Lösungsschritte kann zum Teil variieren. Ein Lösungsweg ist als Beispiel angegeben.

Sollte Ihre Klasse noch nicht mit der Übungsform der Logicals vertraut sein, bietet es sich an, das erste Rätsel gemeinsam zu lösen. Hinweissätze, deren Information verarbeitet wurde, können abgehakt werden. So behalten die Kinder den Überblick.

Ich wünsche Ihnen und ihrer Klasse viel Freude beim Rätseln und eine spannende Vorweihnachtszeit.

Klara Kirschbaum

DIE NUSSKNACKER

Die Kinder haben zum Treffen ihre Nussknacker mitgebracht, um damit zu spielen.

Lies die Hinweise und male richtig an. Male fehlende Gegenstände dazu.
Schreibe die Namen der Besitzer unter die Nussknacker.

Finde heraus: Was hält Mattheos Nussknacker in der Hand? ______________________

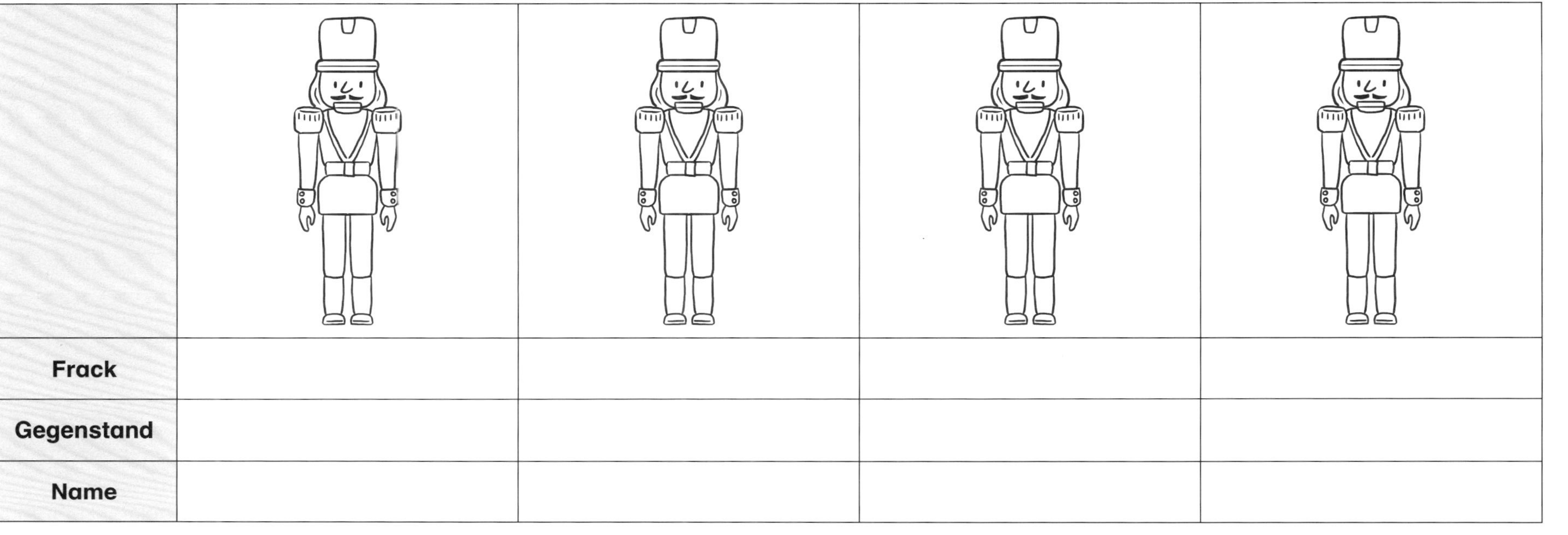

Frack				
Gegenstand				
Name				

1. Ein Nussknacker trägt einen blauen Frack.
2. Der zweite Nussknacker von links hält eine Trommel in der Hand.
3. Lenis Nussknacker hält einen Säbel.
4. Der Nussknacker mit dem roten Frack steht ganz links.
5. Zwei Nussknacker halten eine kleine Tanne in der Hand.
6. Der Nussknacker, der ganz links steht, gehört Mattheo.
7. Zwischen Mattheos und Lenis Nussknackern steht der von Jule.
8. Pauls Nussknacker trägt einen grünen Frack.
9. Der Nussknacker mit der Trommel trägt einen braunen Frack.

DIE NUSSKNACKER

Die Kinder haben zum Treffen ihre Nussknacker mitgebracht, um damit zu spielen.

Lies die Hinweise und male richtig an. Male fehlende Gegenstände dazu.
Schreibe die Namen der Besitzer unter die Nussknacker.

Finde heraus: Was hält Mattheos Nussknacker in der Hand? ____________________

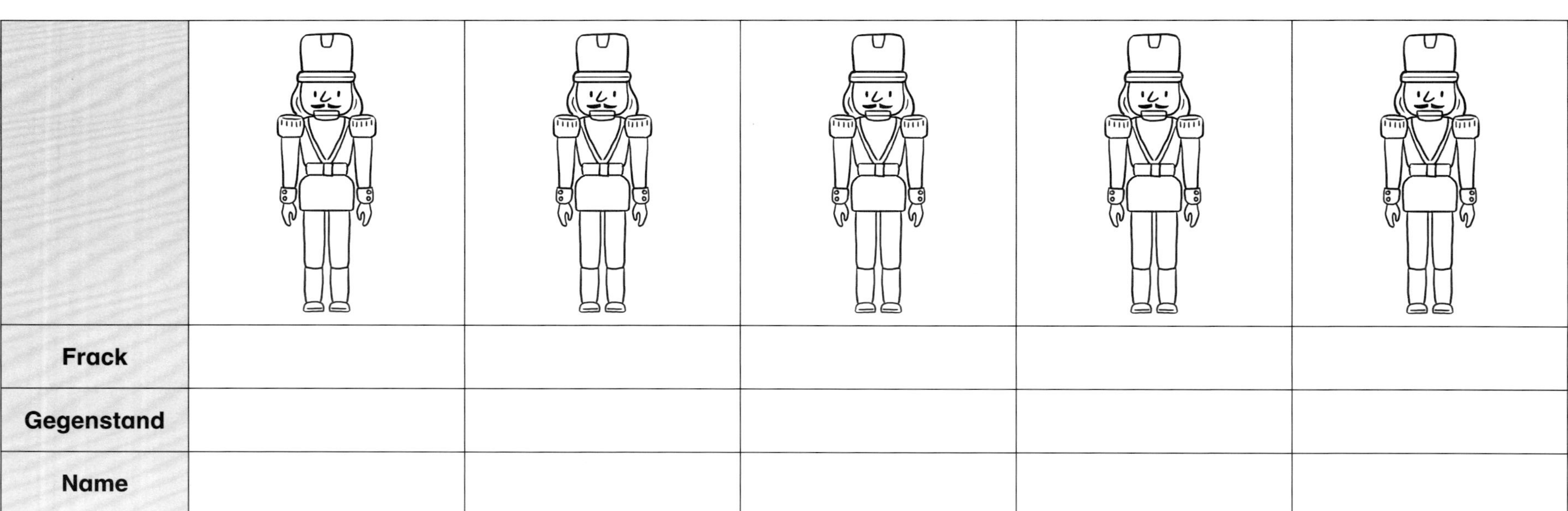

Frack					
Gegenstand					
Name					

1. Henris Nussknacker trägt einen gelben Frack.
2. Der zweite Nussknacker von links hält eine Trommel in der Hand.
3. Lenis Nussknacker hält einen Säbel.
4. Der Nussknacker mit dem roten Frack steht ganz links.
5. Der Nussknacker, der ganz links steht, gehört Mattheo.
6. Zwischen Mattheos und Lenis Nussknackern steht der von Jule.
7. Pauls Nussknacker trägt einen grünen Frack.
8. Der Nussknacker mit der Trommel trägt einen braunen Frack.
9. Ganz rechts steht der Nussknacker mit dem gelben Frack.
10. Ein Nussknacker trägt einen blauen Frack.
11. Drei Nussknacker halten eine kleine Tanne in der Hand.

Die Nussknacker – Lösungen

DIE NUSSKNACKER

Die Kinder haben zum Treffen ihre Nussknacker mitgebracht, um damit zu spielen.

Lies die Hinweise und male richtig an. Male fehlende Gegenstände dazu.
Schreibe die Namen der Besitzer unter die Nussknacker.

Finde heraus: Was hält Mattheos Nussknacker in der Hand? **eine Tanne**

Mögliche Reihenfolge: 2 – 4 – 6 – 7 – 8 – 9 – 1 – 3 – 5

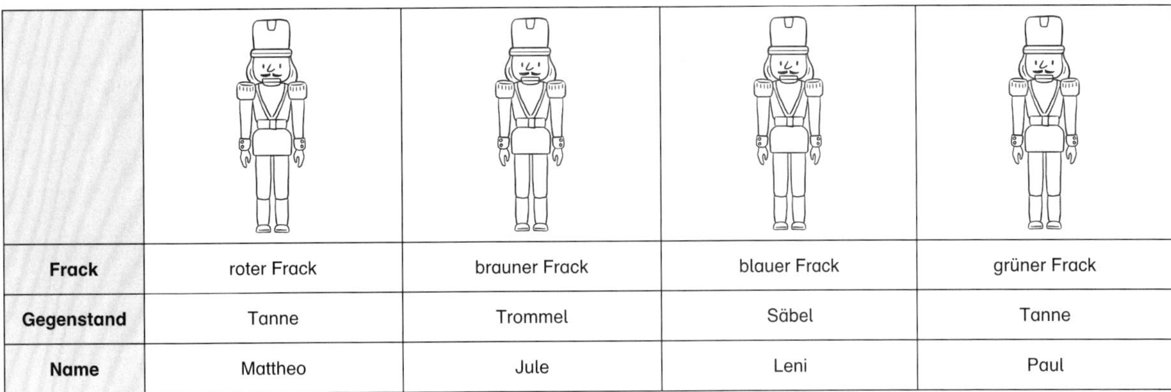

Frack	roter Frack	brauner Frack	blauer Frack	grüner Frack
Gegenstand	Tanne	Trommel	Säbel	Tanne
Name	Mattheo	Jule	Leni	Paul

1. Ein Nussknacker trägt einen blauen Frack.
2. Der zweite Nussknacker von links hält eine Trommel in der Hand.
3. Lenis Nussknacker hält einen Säbel.
4. Der Nussknacker mit dem roten Frack steht ganz links.
5. Zwei Nussknacker halten eine kleine Tanne in der Hand.
6. Der Nussknacker, der ganz links steht, gehört Mattheo.
7. Zwischen Mattheos und Lenis Nussknackern steht der von Jule.
8. Pauls Nussknacker trägt einen grünen Frack.
9. Der Nussknacker mit der Trommel trägt einen braunen Frack.

DIE NUSSKNACKER

Die Kinder haben zum Treffen ihre Nussknacker mitgebracht, um damit zu spielen.

Lies die Hinweise und male richtig an. Male fehlende Gegenstände dazu.
Schreibe die Namen der Besitzer unter die Nussknacker.

Finde heraus: Was hält Mattheos Nussknacker in der Hand? **eine Tanne**

Mögliche Reihenfolge: 2 – 4 – 5 – 6 – 8 – 9 – 1 – 3 – 11 – 7 – 10

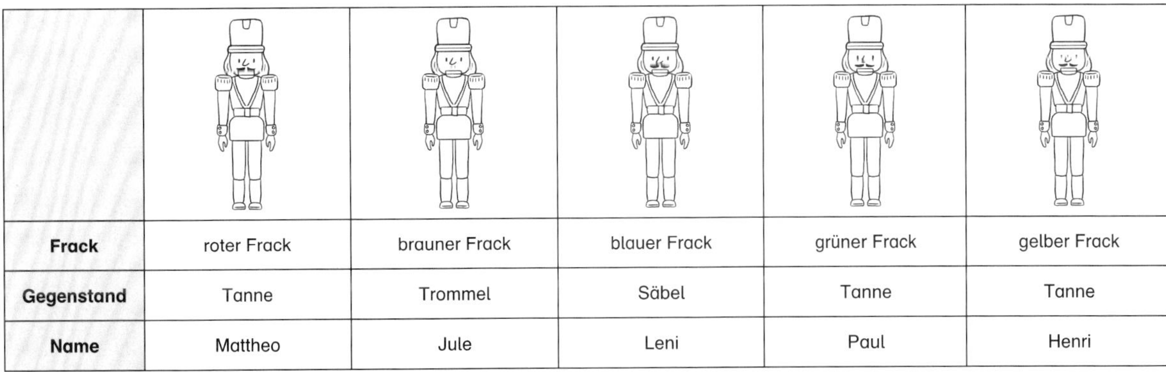

Frack	roter Frack	brauner Frack	blauer Frack	grüner Frack	gelber Frack
Gegenstand	Tanne	Trommel	Säbel	Tanne	Tanne
Name	Mattheo	Jule	Leni	Paul	Henri

1. Henris Nussknacker trägt einen gelben Frack.
2. Der zweite Nussknacker von links hält eine Trommel in der Hand.
3. Lenis Nussknacker hält einen Säbel.
4. Der Nussknacker mit dem roten Frack steht ganz links.
5. Der Nussknacker, der ganz links steht, gehört Mattheo.
6. Zwischen Mattheos und Lenis Nussknackern steht der von Jule.
7. Pauls Nussknacker trägt einen grünen Frack.
8. Der Nussknacker mit der Trommel trägt einen braunen Frack.
9. Ganz rechts steht der Nussknacker mit dem gelben Frack.
10. Ein Nussknacker trägt einen blauen Frack.
11. Drei Nussknacker halten eine kleine Tanne in der Hand.

IN DER WEIHNACHTSBÄCKEREI

Am Nachmittag treffen sich alle zum Keksebacken. Es gibt verschiedene Ausstechformen und verschiedenes Zubehör zum Verzieren und Dekorieren der Kekse. Jedes Kind benutzt einen anderen Ausstecher und andere Deko.

Lies die Hinweise und male die Kekse dazu.

Finde heraus: Wie viele Kekse hat Sophia gebacken? ______________________

Keksform				
Kind	**Elsa**	**Jonas**	**Sophia**	**Caleb**
Anzahl				
Form				
Dekoration				

1. Ein Kind am Rand hat die Schneemannform benutzt.
2. Das Kind neben der Schneemannform hat die Kekse mit Zuckerguss dekoriert.
3. Das Kind, das mit Perlen dekoriert hat, hat die Tannenbaumform benutzt.
4. Die Kinder mit der Schlittenform und der Schneemannform haben jeweils sechs Kekse gebacken.
5. Es gibt diese Formen: Schneemann, Tannenbaum, Sternschnuppe und Schlitten.
6. Die Sternschnuppen sind mit Puderzucker dekoriert.
7. Caleb hat vier Kekse mit einer Sternschnuppenform gebacken.
8. Zwei Kinder haben ihre Kekse mit Zuckerperlen dekoriert.
9. Ein Kind hat fünf Kekse gebacken.

IN DER WEIHNACHTSBÄCKEREI

Am Nachmittag treffen sich alle zum Keksebacken. Es gibt verschiedene Ausstechformen und verschiedenes Zubehör zum Verzieren und Dekorieren der Kekse. Jedes Kind benutzt einen anderen Ausstecher und andere Deko.

Lies die Hinweise und male die Kekse dazu.

Finde heraus: Wie viele Kekse hat Sophia gebacken? ______________________

Keksform					
Kind	**Elsa**	**Jonas**	**Sophia**	**Lou**	**Caleb**
Anzahl					
Form					
Dekoration					

1. Dem Kind neben den sechs Keksen gehört nicht das Blech mit den sieben Keksen.
2. Ein Kind am Rand hat die Schneemannform benutzt.
3. Das Kind neben der Schneemannform hat die Schlittenkekse mit Zuckerguss dekoriert.
4. Lou hat keine Nikolausform.
5. Die Kinder mit der Schlittenform und der Schneemannform haben jeweils sechs Kekse gebacken.
6. Es gibt diese Formen: Schneemann, Tannenbaum, Nikolaus, Sternschnuppe und Schlitten.
7. Die Sternschnuppen sind mit Puderzucker dekoriert.
8. Caleb hat vier Kekse mit einer Sternschnuppenform gebacken.
9. Zwei Kinder aus der Mitte haben ihre Kekse mit Zuckerperlen dekoriert.
10. Das Kind mit den Zuckergusskeksen reicht Elsa die Schokoladenstreusel für Elsas Kekse.
11. Ein Kind hat fünf Kekse gebacken.

IN DER WEIHNACHTSBÄCKEREI

Am Nachmittag treffen sich alle zum Keksebacken. Es gibt verschiedene Ausstechformen und verschiedenes Zubehör zum Verzieren und Dekorieren der Kekse. Jedes Kind benutzt einen anderen Ausstecher und andere Deko.

Lies die Hinweise und male die Kekse dazu.

Finde heraus: Wie viele Kekse hat Sophia gebacken? **fünf**

Mögliche Reihenfolge: 7 – 1 – 2 – 4 – 3 – 5 – 6 – 8 – 9

Keksform				
Kind	**Elsa**	**Jonas**	**Sophia**	**Caleb**
Anzahl	6	6	5	4
Form	Schneemann	Schlitten	Tannenbaum	Sternschnuppe
Dekoration	Zuckerperlen	Zuckerguss	Zuckerperlen	Puderzucker

1. Ein Kind am Rand hat die Schneemannform benutzt.
2. Das Kind neben der Schneemannform hat die Kekse mit Zuckerguss dekoriert.
3. Das Kind, das mit Perlen dekoriert hat, hat die Tannenbaumform benutzt.
4. Die Kinder mit der Schlittenform und der Schneemannform haben jeweils sechs Kekse gebacken.
5. Es gibt diese Formen: Schneemann, Tannenbaum, Sternschnuppe und Schlitten.
6. Die Sternschnuppen sind mit Puderzucker dekoriert.
7. Caleb hat vier Kekse mit einer Sternschnuppenform gebacken.
8. Zwei Kinder haben ihre Kekse mit Zuckerperlen dekoriert.
9. Ein Kind hat fünf Kekse gebacken.

IN DER WEIHNACHTSBÄCKEREI

Am Nachmittag treffen sich alle zum Keksebacken. Es gibt verschiedene Ausstechformen und verschiedenes Zubehör zum Verzieren und Dekorieren der Kekse. Jedes Kind benutzt einen anderen Ausstecher und andere Deko.

Lies die Hinweise und male die Kekse dazu.

Finde heraus: Wie viele Kekse hat Sophia gebacken? **fünf**

Mögliche Reihenfolge: 8 – 2 – 3 – 10 – 7 – 9 – 6 – 4 – 5 – 1 – 11

Keksform					
Kind	**Elsa**	**Jonas**	**Sophia**	**Lou**	**Caleb**
Anzahl	6	6	5	7	4
Form	Schneemann	Schlitten	Nikolaus	Tannenbaum	Sternschnuppe
Dekoration	Schokostreusel	Zuckerguss	Zuckerperlen	Zuckerperlen	Puderzucker

1. Dem Kind neben den sechs Keksen gehört nicht das Blech mit den sieben Keksen.
2. Ein Kind am Rand hat die Schneemannform benutzt.
3. Das Kind neben der Schneemannform hat die Schlittenkekse mit Zuckerguss dekoriert.
4. Lou hat keine Nikolausform.
5. Die Kinder mit der Schlittenform und der Schneemannform haben jeweils sechs Kekse gebacken.
6. Es gibt diese Formen: Schneemann, Tannenbaum, Nikolaus, Sternschnuppe und Schlitten.
7. Die Sternschnuppen sind mit Puderzucker dekoriert.
8. Caleb hat vier Kekse mit einer Sternschnuppenform gebacken.
9. Zwei Kinder aus der Mitte haben ihre Kekse mit Zuckerperlen dekoriert.
10. Das Kind mit den Zuckergusskeksen reicht Elsa die Schokoladenstreusel für Elsas Kekse.
11. Ein Kind hat fünf Kekse gebacken.

EIN PAAR KRIPPENFIGUREN

Konrad hat auf dem Dachboden einen Karton mit Weihnachtsdekoration gefunden. Neben Lichterketten und Christbaumkugeln findet er darin auch eine alte Krippe mit verschiedenen Figuren. Er hat die Figuren nebeneinandergestellt. Zu jeder Figur gehört auch ein Gegenstand.

Lies die Hinweise und fülle die Tabelle aus.

Finde heraus: Wer trägt ein grünes Gewand? ____________________

	Figur 1	**Figur 2**	**Figur 3**	**Figur 4**
Wer?				
Farbe des Gewands				
Gegenstand				

1. Zwischen Josef und Caspar steht ein Hirtenjunge.
2. Links neben der Figur mit der Laterne steht Maria in einem blauen Gewand.
3. Eine Figur in der Mitte hält einen Stab.
4. Es gibt diese Gegenstände: Laterne, goldene Dose, Stab und Futterkrippe.
5. Figur 2 trägt eine Laterne.
6. Die Figur mit dem braunen Gewand steht nicht am Rand.
7. Am Rand steht eine Figur mit einer goldenen Dose.
8. Neben der Futterkrippe steht Josef mit seinem roten Gewand.
9. Eine Figur trägt ein grünes Gewand.

EIN PAAR KRIPPENFIGUREN

Konrad hat auf dem Dachboden einen Karton mit Weihnachtsdekoration gefunden. Neben Lichterketten und Christbaumkugeln findet er darin auch eine alte Krippe mit verschiedenen Figuren. Er hat die Figuren nebeneinandergestellt. Zu jeder Figur gehört auch ein Gegenstand.

Lies die Hinweise und fülle die Tabelle aus.

Finde heraus: Wer trägt ein grünes Gewand? ______________________

	Figur 1	Figur 2	Figur 3	Figur 4	Figur 5
Wer?					
Farbe des Gewands					
Gegenstand					

1. Der Stab wird von einem Hirtenjungen im braunen Gewand getragen.
2. Die Figur mit dem weißen Gewand steht nicht in der Mitte.
3. Links neben der Figur mit der Laterne steht Maria in einem blauen Gewand.
4. Eine Figur am Rand hält eine Futterkrippe.
5. Es gibt diese Gegenstände: Laterne, goldene Dose, Notenblatt, Stab und Futterkrippe.
6. Figur 2 trägt eine Laterne.
7. Links neben dem Hirtenjungen steht Josef.
8. Am Rand steht ein Engel mit einem Notenblatt.
9. Neben dem Engel steht Caspar mit einer goldenen Dose.
10. Josef trägt ein rotes Gewand.
11. Eine Figur trägt ein grünes Gewand.

Ein paar Krippenfiguren – Lösungen

EIN PAAR KRIPPENFIGUREN

Konrad hat auf dem Dachboden einen Karton mit Weihnachtsdekoration gefunden. Neben Lichterketten und Christbaumkugeln findet er darin auch eine alte Krippe mit verschiedenen Figuren. Er hat die Figuren nebeneinandergestellt. Zu jeder Figur gehört auch ein Gegenstand.

Lies die Hinweise und fülle die Tabelle aus.

Finde heraus: Wer trägt ein grünes Gewand? **Caspar**

Mögliche Reihenfolge: 5 – 2 – 7 – 3 – 4 – 8 – 1 – 6 – 9

	Figur 1	**Figur 2**	**Figur 3**	**Figur 4**
Wer?	Maria	Josef	Hirtenjunge	Caspar
Farbe des Gewands	Blau	Rot	Braun	Grün
Gegenstand	Futterkrippe	Laterne	Stab	goldene Dose

1. Zwischen Josef und Caspar steht ein Hirtenjunge.
2. Links neben der Figur mit der Laterne steht Maria in einem blauen Gewand.
3. Eine Figur in der Mitte hält einen Stab.
4. Es gibt diese Gegenstände: Laterne, goldene Dose, Stab und Futterkrippe.
5. Figur 2 trägt eine Laterne.
6. Die Figur mit dem braunen Gewand steht nicht am Rand.
7. Am Rand steht eine Figur mit einer goldenen Dose.
8. Neben der Futterkrippe steht Josef mit seinem roten Gewand.
9. Eine Figur trägt ein grünes Gewand.

EIN PAAR KRIPPENFIGUREN

Konrad hat auf dem Dachboden einen Karton mit Weihnachtsdekoration gefunden. Neben Lichterketten und Christbaumkugeln findet er darin auch eine alte Krippe mit verschiedenen Figuren. Er hat die Figuren nebeneinandergestellt. Zu jeder Figur gehört auch ein Gegenstand.

Lies die Hinweise und fülle die Tabelle aus.

Finde heraus: Wer trägt ein grünes Gewand? **Caspar**

Mögliche Reihenfolge: 6 – 3 – 8 – 4 – 9 – 5 – 1 – 7 – 10 – 2 – 11

	Figur 1	**Figur 2**	**Figur 3**	**Figur 4**	**Figur 5**
Wer?	Maria	Josef	Hirtenjunge	Caspar	Engel
Farbe des Gewands	Blau	Rot	Braun	Grün	Weiß
Gegenstand	Futterkrippe	Laterne	Stab	goldene Dose	Notenblatt

1. Der Stab wird von einem Hirtenjungen im braunen Gewand getragen.
2. Die Figur mit dem weißen Gewand steht nicht in der Mitte.
3. Links neben der Figur mit der Laterne steht Maria in einem blauen Gewand.
4. Eine Figur am Rand hält eine Futterkrippe.
5. Es gibt diese Gegenstände: Laterne, goldene Dose, Notenblatt, Stab und Futterkrippe.
6. Figur 2 trägt eine Laterne.
7. Links neben dem Hirtenjungen steht Josef.
8. Am Rand steht ein Engel mit einem Notenblatt.
9. Neben dem Engel steht Caspar mit einer goldenen Dose.
10. Josef trägt ein rotes Gewand.
11. Eine Figur trägt ein grünes Gewand.

DICKE WINTERKLEIDUNG

Heute sind die Kinder am Nachmittag zum Rodeln verabredet. Es ist kalt und schneit, deshalb haben sie sich dick eingepackt.

Lies die Hinweise und fülle die Tabelle aus.
Schreibe die Namen der Kinder darunter.

Finde heraus: Wer hat sich aus einem Schal eine Kopfbedeckung gebunden? ____________________

Kopf				
Schneeanzug				
Stiefel				
Name				

1. Martin steht neben Nele und trägt einen schwarzen Schneeanzug und blaue Ohrenschützer.
2. Das Kind mit dem roten Schneeanzug und den schwarzen Stiefeln hat ein gestreiftes Stirnband.
3. Das Kind mit dem schwarzen Schneeanzug trägt rote Stiefel.
4. Das zweite Kind von rechts trägt einen grünen Schneeanzug.
5. Drei Kinder tragen schwarze Stiefel.
6. Neben Lena steht ein Kind mit einer blauen Mütze und einem gelben Schneeanzug.
7. Das Kind links neben dem Kind mit dem grünen Schneeanzug heißt Nele.
8. Sharla steht ganz rechts und trägt einen roten Schneeanzug.
9. Ein Kind hat sich einen roten Schal um den Kopf gewickelt.

DICKE WINTERKLEIDUNG

Heute sind die Kinder am Nachmittag zum Rodeln verabredet. Es ist kalt und schneit, deshalb haben sie sich dick eingepackt.

Lies die Hinweise und fülle die Tabelle aus.
Schreibe die Namen der Kinder darunter.

Finde heraus: Wer hat sich aus einem Schal eine Kopfbedeckung gebunden? ______________

Kopf					
Schneeanzug					
Stiefel					
Name					

1. Martin steht neben Nele und trägt einen schwarzen Schneeanzug und blaue Ohrenschützer.
2. Das Kind mit dem roten Schneeanzug und den schwarzen Stiefeln hat ein gestreiftes Stirnband.
3. Das Kind mit dem schwarzen Schneeanzug trägt rote Stiefel.
4. Das dritte Kind von rechts trägt einen grünen Schneeanzug.
5. Vier Kinder tragen schwarze Stiefel.
6. Neben Lena steht ein Kind mit einer blauen Mütze und einem gelben Schneeanzug.
7. Das Kind links neben dem Kind mit dem grünen Schneeanzug heißt Nele.
8. Sharla trägt einen roten Schneeanzug.
9. Ein Kind hat sich einen roten Schal um den Kopf gewickelt.
10. Ganz rechts steht Matz mit seinem pinken Schneeanzug.
11. Matz liebt seine grüne Mütze mit den Bommeln.

DICKE WINTERKLEIDUNG

Heute sind die Kinder am Nachmittag zum Rodeln verabredet. Es ist kalt und schneit, deshalb haben sie sich dick eingepackt.

Lies die Hinweise und fülle die Tabelle aus.
Schreibe die Namen der Kinder darunter.

Finde heraus: Wer hat sich aus einem Schal eine Kopfbedeckung gebunden? Lena

Mögliche Reihenfolge: 4 – 7 – 1 – 8 – 6 – 3 – 5 – 2 – 9

Kopf	blaue Ohrenschützer	blaue Mütze	roter Schal	gestreiftes Stirnband
Schneeanzug	schwarz	gelb	grün	rot
Stiefel	rot	schwarz	schwarz	schwarz
Name	Martin	Nele	Lena	Sharla

1. Martin steht neben Nele und trägt einen schwarzen Schneeanzug und blaue Ohrenschützer.
2. Das Kind mit dem roten Schneeanzug und den schwarzen Stiefeln hat ein gestreiftes Stirnband.
3. Das Kind mit dem schwarzen Schneeanzug trägt rote Stiefel.
4. Das zweite Kind von rechts trägt einen grünen Schneeanzug.
5. Drei Kinder tragen schwarze Stiefel.
6. Neben Lena steht ein Kind mit einer blauen Mütze und einem gelben Schneeanzug.
7. Das Kind links neben dem Kind mit dem grünen Schneeanzug heißt Nele.
8. Sharla steht ganz rechts und trägt einen roten Schneeanzug.
9. Ein Kind hat sich einen roten Schal um den Kopf gewickelt.

DICKE WINTERKLEIDUNG

Heute sind die Kinder am Nachmittag zum Rodeln verabredet. Es ist kalt und schneit, deshalb haben sie sich dick eingepackt.

Lies die Hinweise und fülle die Tabelle aus.
Schreibe die Namen der Kinder darunter.

Finde heraus: Wer hat sich aus einem Schal eine Kopfbedeckung gebunden? Lena

Mögliche Reihenfolge: 4 – 7 – 1 – 10 – 8 – 6 – 3 – 5 – 2 – 11 – 9

Kopf	blaue Ohrenschützer	blaue Mütze	roter Schal	gestreiftes Stirnband	grüne Mütze
Schneeanzug	schwarz	gelb	grün	rot	pink
Stiefel	rot	schwarz	schwarz	schwarz	schwarz
Name	Martin	Nele	Lena	Sharla	Matz

1. Martin steht neben Nele und trägt einen schwarzen Schneeanzug und blaue Ohrenschützer.
2. Das Kind mit dem roten Schneeanzug und den schwarzen Stiefeln hat ein gestreiftes Stirnband.
3. Das Kind mit dem schwarzen Schneeanzug trägt rote Stiefel.
4. Das dritte Kind von rechts trägt einen grünen Schneeanzug.
5. Vier Kinder tragen schwarze Stiefel.
6. Neben Lena steht ein Kind mit einer blauen Mütze und einem gelben Schneeanzug.
7. Das Kind links neben dem Kind mit dem grünen Schneeanzug heißt Nele.
8. Sharla trägt einen roten Schneeanzug.
9. Ein Kind hat sich einen roten Schal um den Kopf gewickelt.
10. Ganz rechts steht Matz mit seinem pinken Schneeanzug.
11. Matz liebt seine grüne Mütze mit den Bommeln.

BRÄUCHE IM ADVENT

Heute haben die Kinder in der Schule gelernt, welche typischen Bräuche es in der Adventszeit gibt und wer sie erfunden hat.

Lies die Hinweise und fülle die Tabelle aus. Schneide die Text-Kärtchen aus und klebe sie in die Tabelle.

Finde heraus: Wer hat die erste Krippe aufgestellt? ______________________

	Brauch 1	Brauch 2	Brauch 3	Brauch 4
Name				
Erfinder				
Wann?				
Info				

1. 1223 wurde die erste Krippe aufgestellt.
2. Am linken Rand steht der Adventskranz, der von Johann Heinrich Wichern erfunden wurde.
3. Ein Brauch wurde 1839 erfunden und steht am Rand.
4. Es gibt diese Bräuche: Adventskalender, geschmückter Tannenbaum, Adventskranz und die Weihnachtskrippe.
5. Der Brauch, den Gerhard Lang erfunden hat, steht nicht am Rand.
6. Ein Brauch soll 1419 von Bäckerknechten erfunden worden sein.
7. Den Brauch 2 gibt es schon seit 1904.
8. Zwischen dem Adventskranz und dem geschmückten Tannenbaum ist der Adventskalender.
9. Ein Brauch ist durch Franz von Assisi entstanden.

In einer Grotte in der Nähe von Greccio in Italien soll Franz von Assisi die erste Krippe aufgebaut haben.	Die Mutter von Gerhard Lang hatte eine Idee: Sie nähte für ihn 24 kleine Gebäckstücke auf einen Karton.	Der erste Adventskranz trug für jeden Tag bis Heiligabend eine Kerze. Kleine rote für die Werktage und weiße große für die Sonntage.	Den ersten Weihnachtsbaum sollen Bäckerknechte in Freiburg mit Nüssen, Oblaten und Lebkuchen geschmückt haben.

BRÄUCHE IM ADVENT

Heute haben die Kinder in der Schule gelernt, welche typischen Bräuche es in der Adventszeit gibt und wer sie erfunden hat.
Lies die Hinweise und fülle die Tabelle aus.

Finde heraus: Wer hat die erste Krippe aufgestellt? ______________________________

	Brauch 1	Brauch 2	Brauch 3	Brauch 4	Brauch 5
Name					
Erfinder					
Wann?					

1. 1223 wurde die erste Krippe aufgestellt.
2. Am linken Rand steht der Adventskranz, der von Johann Heinrich Wichern erfunden wurde.
3. Ein Brauch am rechten Rand soll 1531 von Martin Luther erfunden worden sein.
4. Es gibt diese Bräuche: Adventskalender, geschmückter Tannenbaum, Adventskranz, die Weihnachtskrippe und das Christkind.
5. Der Brauch, den Gerhard Lang erfunden hat, steht nicht neben dem Christkind.
6. Die Weihnachtskrippe steht nicht am Rand.
7. Ein Brauch in der Mitte soll 1419 von Bäckerknechten erfunden worden sein.
8. Den Brauch 2 gibt es schon seit 1904.
9. Zwischen dem Adventskranz und dem geschmückten Tannenbaum ist der Adventskalender.
10. Ein Brauch am Rand wurde 1839 erfunden.
11. Ein Brauch ist durch Franz von Assisi entstanden.

Bräuche im Advent – Lösungen

BRÄUCHE IM ADVENT

Heute haben die Kinder in der Schule gelernt, welche typischen Bräuche es in der Adventszeit gibt und wer sie erfunden hat.

Lies die Hinweise und fülle die Tabelle aus. Schneide die Text-Kärtchen aus und klebe sie in die Tabelle.

Finde heraus: Wer hat die erste Krippe aufgestellt? **Franz von Assisi**

Mögliche Reihenfolge: 2 – 7 – 8 – 4 –1 – 3 – 6 – 5 – 9

	Brauch 1	Brauch 2	Brauch 3	Brauch 4
Name	Adventskranz	Adventskalender	geschmückter Tannenbaum	Weihnachtskrippe
Erfinder	Johann Heinrich Wichern	Gerhard Lang	Bäckerknechte	Franz von Assisi
Wann?	1839	1904	1419	1223
Info	Der erste Adventskranz trug für jeden Tag bis Heiligabend eine Kerze. Kleine rote für die Werktage und weiße große für die Sonntage.	Die Mutter von Gerhard Lang hatte eine Idee: Sie nähte für ihn 24 kleine Gebäckstücke auf einen Karton.	Den ersten Weihnachtsbaum sollen Bäckerknechte in Freiburg mit Nüssen, Oblaten und Lebkuchen geschmückt haben.	In einer Grotte in der Nähe von Greccio in Italien soll Franz von Assisi die erste Krippe aufgebaut haben.

1. 1223 wurde die erste Krippe aufgestellt.
2. Am linken Rand steht der Adventskranz, der von Johann Heinrich Wichern erfunden wurde.
3. Ein Brauch wurde 1839 erfunden und steht am Rand.
4. Es gibt diese Bräuche: Adventskalender, geschmückter Tannenbaum, Adventskranz und die Weihnachtskrippe.
5. Der Brauch, den Gerhard Lang erfunden hat, steht nicht am Rand.
6. Ein Brauch soll 1419 von Bäckerknechten erfunden worden sein.
7. Den Brauch 2 gibt es schon seit 1904.
8. Zwischen dem Adventskranz und dem geschmückten Tannenbaum ist der Adventskalender.
9. Ein Brauch ist durch Franz von Assisi entstanden.

BRÄUCHE IM ADVENT

Heute haben die Kinder in der Schule gelernt, welche typischen Bräuche es in der Adventszeit gibt und wer sie erfunden hat.
Lies die Hinweise und fülle die Tabelle aus.

Finde heraus: Wer hat die erste Krippe aufgestellt? **Franz von Assisi**

Mögliche Reihenfolge: 8 – 2 – 9 – 6 – 4 – 1 – 7 – 3 – 10 – 5 – 11

	Brauch 1	Brauch 2	Brauch 3	Brauch 4	Brauch 5
Name	Adventskranz	Adventskalender	geschmückter Tannenbaum	Weihnachtskrippe	Christkind
Erfinder	Johann Heinrich Wichern	Gerhard Lang	Bäckerknechte	Franz von Assisi	Martin Luther
Wann?	1839	1904	1419	1223	1531

1. 1223 wurde die erste Krippe aufgestellt.
2. Am linken Rand steht der Adventskranz, der von Johann Heinrich Wichern erfunden wurde.
3. Ein Brauch am rechten Rand soll 1531 von Martin Luther erfunden worden sein.
4. Es gibt diese Bräuche: Adventskalender, geschmückter Tannenbaum, Adventskranz, die Weihnachtskrippe und das Christkind.
5. Der Brauch, den Gerhard Lang erfunden hat, steht nicht neben dem Christkind.
6. Die Weihnachtskrippe steht nicht am Rand.
7. Ein Brauch in der Mitte soll 1419 von Bäckerknechten erfunden worden sein.
8. Den Brauch 2 gibt es schon seit 1904.
9. Zwischen dem Adventskranz und dem geschmückten Tannenbaum ist der Adventskalender.
10. Ein Brauch am Rand wurde 1839 erfunden.
11. Ein Brauch ist durch Franz von Assisi entstanden.

VOLLGEPACKTE NIKOLAUSSTIEFEL

Die Geschwister haben ihre Stiefel geputzt und am Abend vor dem Nikolaustag vor die Tür gestellt. Am nächsten Morgen sind die Stiefel reich gefüllt: Jedes Kind bekommt ein Stück Obst, eine Handvoll Nüsse und ein Spiel.

Lies die Hinweise und fülle die Tabelle aus.

Finde heraus: Wer bekommt das Fadenspiel „Finger-Twist“? ______________________

	Alba	Mia	Neo	Keno
Spiel				
Obst				
Nüsse				

1. Neben dem Stiefel mit dem Puzzle steht ein Stiefel mit Erdnüssen.
2. In Albas Nikolausstiefel sind Haselnüsse.
3. In den Stiefeln befinden sich diese Obstsorten: Äpfel, Orangen, Birnen und Mandarinen.
4. Zwischen dem Stiefel mit dem Kartenspiel und dem Stiefel mit einem Domino ist ein Stiefel mit einem Puzzle.
5. Neben dem Stiefel mit den Haselnüssen steht ein Stiefel mit einem Kartenspiel und Äpfeln.
6. In einem Stiefel, der am Rand steht, sind Walnüsse und Mandarinen.
7. Das Kind mit den Birnen findet auch Paranüsse im Stiefel.
8. Ein Junge hat Birnen in seinem Stiefel.
9. Ein Kind bekommt ein Finger-Twist-Fadenspiel.

VOLLGEPACKTE NIKOLAUSSTIEFEL

Die Geschwister haben ihre Stiefel geputzt und am Abend vor dem Nikolaustag vor die Tür gestellt. Am nächsten Morgen sind die Stiefel reich gefüllt: Jedes Kind bekommt ein Stück Obst, eine Handvoll Nüsse und ein Spiel.

Lies die Hinweise und fülle die Tabelle aus.

Finde heraus: Wer bekommt das Fadenspiel „Finger-Twist“? ______________________

	Alba	Mia	Neo	Keno	Max
Spiel					
Obst					
Nüsse					

1. Neben dem Stiefel mit den Erdnüssen steht ein Stiefel mit Paranüssen.
2. In Albas Nikolausstiefel sind Haselnüsse.
3. In den Stiefeln befinden sich diese Obstsorten: Äpfel, Orangen, Birnen, Mandarinen und Mirabellen.
4. Der Stiefel mit einem Jo-Jo steht rechts vom Stiefel mit dem Puzzle.
5. Der Stiefel mit den Erdnüssen und dem Dominospiel steht nicht neben dem Stiefel mit den Macadamianüssen.
6. Neben dem Stiefel mit den Haselnüssen steht ein Stiefel mit einem Kartenspiel und Äpfeln.
7. In einem Stiefel, der am Rand steht, sind Walnüsse und Mandarinen.
8. Neben dem Stiefel mit den Orangen befindet sich ein Stiefel mit Macadamianüssen.
9. Zwischen dem Stiefel mit den Äpfeln und dem Stiefel mit den Mirabellen steht ein Stiefel mit Birnen.
10. Das Kind mit den Paranüssen bekommt auch ein Puzzle.
11. Ein Kind bekommt ein Finger-Twist-Fadenspiel.

VOLLGEPACKTE NIKOLAUSSTIEFEL

Die Geschwister haben ihre Stiefel geputzt und am Abend vor dem Nikolaustag vor die Tür gestellt. Am nächsten Morgen sind die Stiefel reich gefüllt: Jedes Kind bekommt ein Stück Obst, eine Handvoll Nüsse und ein Spiel.

Lies die Hinweise und fülle die Tabelle aus.

Finde heraus: Wer bekommt das Fadenspiel „Finger-Twist“? **Alba**

Mögliche Reihenfolge: 2 – 6 – 5 – 8 – 3 – 7 – 4 – 1 – 9

	Alba	Mia	Neo	Keno
Spiel	Finger-Twist	Kartenspiel	Puzzle	Domino
Obst	Orangen	Äpfel	Birnen	Mandarinen
Nüsse	Haselnüsse	Erdnüsse	Paranüsse	Walnüsse

1. Neben dem Stiefel mit dem Puzzle steht ein Stiefel mit Erdnüssen.
2. In Albas Nikolausstiefel sind Haselnüsse.
3. In den Stiefeln befinden sich diese Obstsorten: Äpfel, Orangen, Birnen und Mandarinen.
4. Zwischen dem Stiefel mit dem Kartenspiel und dem Stiefel mit einem Domino ist ein Stiefel mit einem Puzzle.
5. Neben dem Stiefel mit den Haselnüssen steht ein Stiefel mit einem Kartenspiel und Äpfeln.
6. In einem Stiefel, der am Rand steht, sind Walnüsse und Mandarinen.
7. Das Kind mit den Birnen findet auch Paranüsse im Stiefel.
8. Ein Junge hat Birnen in seinem Stiefel.
9. Ein Kind bekommt ein Finger-Twist-Fadenspiel.

VOLLGEPACKTE NIKOLAUSSTIEFEL

Die Geschwister haben ihre Stiefel geputzt und am Abend vor dem Nikolaustag vor die Tür gestellt. Am nächsten Morgen sind die Stiefel reich gefüllt: Jedes Kind bekommt ein Stück Obst, eine Handvoll Nüsse und ein Spiel.

Lies die Hinweise und fülle die Tabelle aus.

Finde heraus: Wer bekommt das Fadenspiel „Finger-Twist“? **Alba**

Mögliche Reihenfolge: 2 – 6 – 7 – 9 – 3 – 8 – 5 – 1 – 10 – 11

	Alba	Mia	Neo	Keno	Max
Spiel	Finger-Twist	Kartenspiel	Puzzle	Domino	Jo-Jo
Obst	Orangen	Äpfel	Birnen	Mirabellen	Mandarinen
Nüsse	Haselnüsse	Macadamia	Paranüsse	Erdnüsse	Walnüsse

1. Neben dem Stiefel mit den Erdnüssen steht ein Stiefel mit Paranüssen.
2. In Albas Nikolausstiefel sind Haselnüsse.
3. In den Stiefeln befinden sich diese Obstsorten: Äpfel, Orangen, Birnen, Mandarinen und Mirabellen.
4. Der Stiefel mit einem Jo-Jo steht rechts vom Stiefel mit dem Puzzle.
5. Der Stiefel mit den Erdnüssen und dem Dominospiel steht nicht neben dem Stiefel mit den Macadamianüssen.
6. Neben dem Stiefel mit den Haselnüssen steht ein Stiefel mit einem Kartenspiel und Äpfeln.
7. In einem Stiefel, der am Rand steht, sind Walnüsse und Mandarinen.
8. Neben dem Stiefel mit den Orangen befindet sich ein Stiefel mit Macadamianüssen.
9. Zwischen dem Stiefel mit den Äpfeln und dem Stiefel mit den Mirabellen steht ein Stiefel mit Birnen.
10. Das Kind mit den Paranüssen bekommt auch ein Puzzle.
11. Ein Kind bekommt ein Finger-Twist-Fadenspiel.

GESCHMÜCKTE HÄUSER

Die Kinder haben für Weihnachten die Türen und Fenster ihrer Häuser geschmückt.

Lies die Hinweise und male fehlende Gegenstände dazu. Schreibe die Namen der Besitzer unter die Häuser.

Finde heraus: Wem gehört der Schneemannaufkleber? ____________________

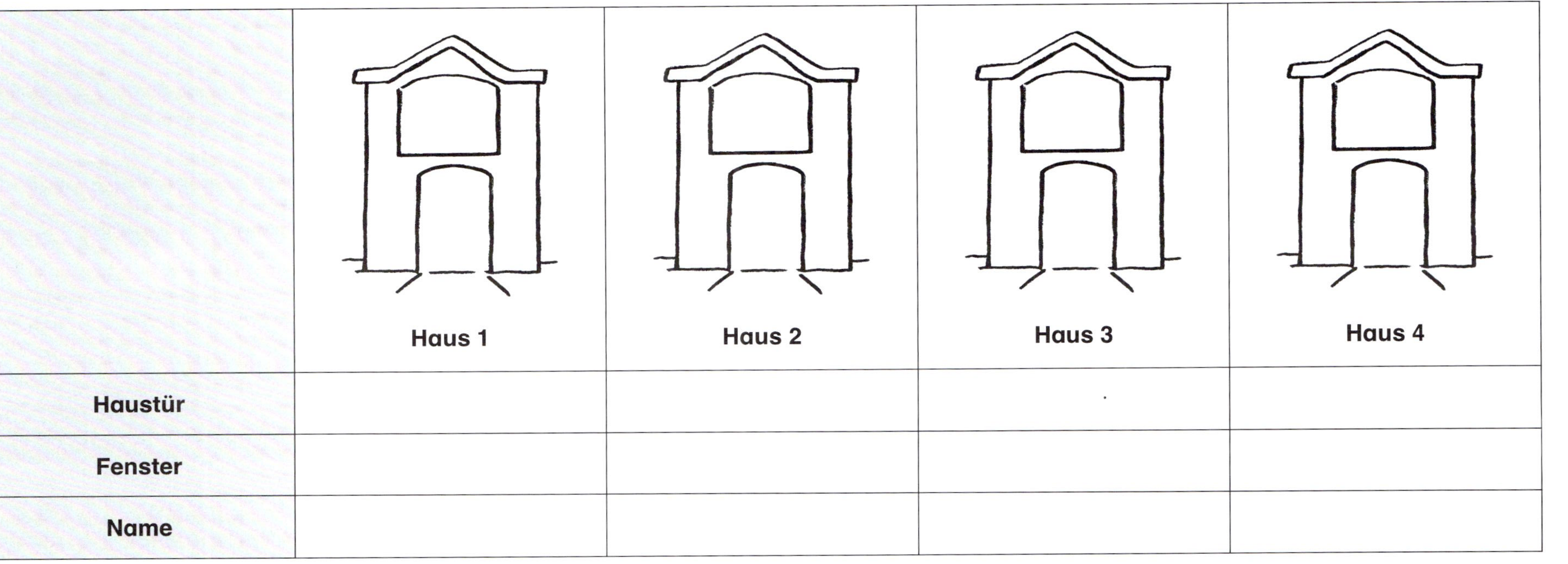

	Haus 1	Haus 2	Haus 3	Haus 4
Haustür				
Fenster				
Name				

1. Momme hat Schneeflocken aus Papier in die Fenster gehängt.
2. Links und rechts von den Schneeflccken hängen Leuchtsterne in den Fenstern.
3. An einer Tür klebt ein großer Schneemann.
4. Tilda wohnt in Haus 3.
5. Eddie wohnt neben Tilda.
6. Ein Haus hat eine Lichterkette an der Tür und Christbaumkugeln in den Fenstern.
7. Neben dem Haus mit dem Kranz aus Tannenzweigen hängt eine Schleife an der Tür.
8. Links neben Tildas Haus steht das Haus von Momme.
9. Tess hat einen Kranz aus Tannenzweigen an die Tür gehängt.

GESCHMÜCKTE HÄUSER

Die Kinder haben für Weihnachten die Türen und Fenster ihrer Häuser geschmückt.

Lies die Hinweise und male fehlende Gegenstände dazu. Schreibe die Namen der Besitzer unter die Häuser.

Finde heraus: Wem gehört der Schneemannaufkleber? ______________________

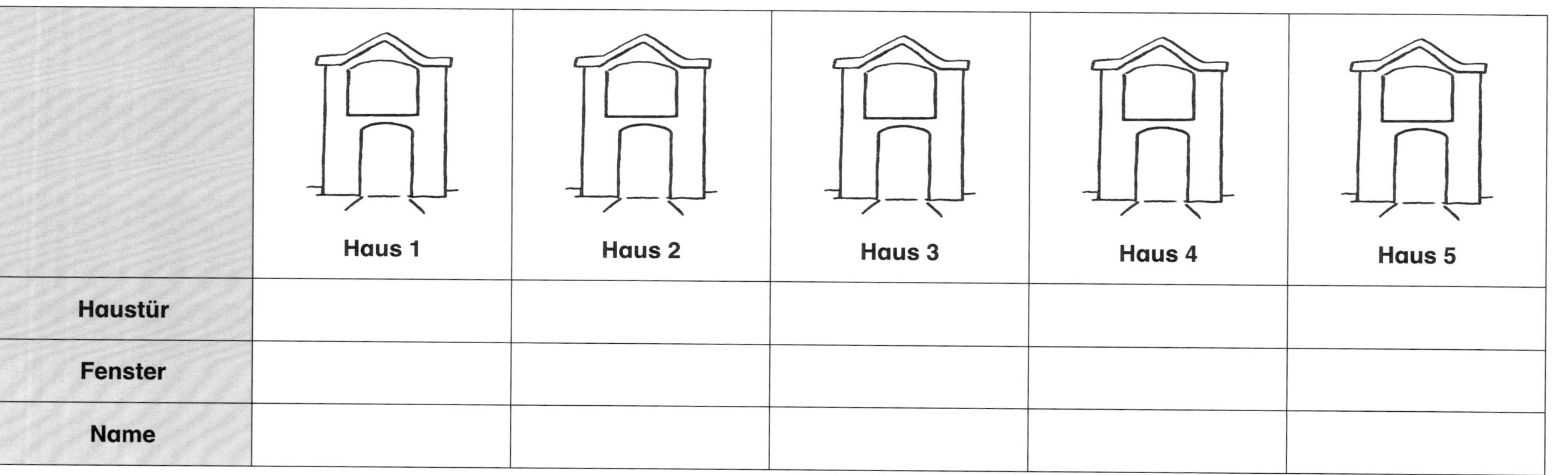

	Haus 1	Haus 2	Haus 3	Haus 4	Haus 5
Haustür					
Fenster					
Name					

1. Momme hat Schneeflocken aus Papier in die Fenster gehängt.
2. Links und rechts von den Schneeflocken hängen Leuchtsterne in den Fenstern.
3. Nimas Haus hat kleine Glocken in den Fenstern.
4. Tilda wohnt in Haus 3.
5. An einer Tür klebt ein großer Schneemann.
6. Eddie wohnt neben Tilda.
7. Ein Haus hat eine Lichterkette an der Tür und Christbaumkugeln in den Fenstern.
8. Neben dem Haus mit dem Kranz aus Tannenzweigen hängt eine Schleife an der Tür.
9. Links neben Tildas Haus steht das Haus von Momme.
10. Tess hat Leuchtsterne in den Fenstern und einen Kranz aus Tannenzweigen an der Tür.
11. Das Haus mit Glocken in den Fenstern hat einen Schlitten vor der Haustür.

Geschmückte Häuser – Lösungen

GESCHMÜCKTE HÄUSER

Die Kinder haben für Weihnachten die Türen und Fenster ihrer Häuser geschmückt.

Lies die Hinweise und male fehlende Gegenstände dazu. Schreibe die Namen der Besitzer unter die Häuser.

Finde heraus: Wem gehört der Schneemannaufkleber? **Tilda**

Mögliche Reihenfolge: 4 – 8 – 1 – 2 – 5 – 6 – 7 – 9 – 3

	Haus 1	Haus 2	Haus 3	Haus 4
Haustür	Kranz aus Tannenzweigen	Schleife	Schneemann	Lichterkette
Fenster	Leuchtsterne	Schneeflocken	Leuchtsterne	Christbaumkugeln
Name	Tess	Momme	Tilda	Eddie

1. Momme hat Schneeflocken aus Papier in die Fenster gehängt.
2. Links und rechts von den Schneeflocken hängen Leuchtsterne in den Fenstern.
3. An einer Tür klebt ein großer Schneemann.
4. Tilda wohnt in Haus 3.
5. Eddie wohnt neben Tilda.
6. Ein Haus hat eine Lichterkette an der Tür und Christbaumkugeln in den Fenstern.
7. Neben dem Haus mit dem Kranz aus Tannenzweigen hängt eine Schleife an der Tür.
8. Links neben Tildas Haus steht das Haus von Momme.
9. Tess hat einen Kranz aus Tannenzweigen an die Tür gehängt.

GESCHMÜCKTE HÄUSER

Die Kinder haben für Weihnachten die Türen und Fenster ihrer Häuser geschmückt.

Lies die Hinweise und male fehlende Gegenstände dazu. Schreibe die Namen der Besitzer unter die Häuser.

Finde heraus: Wem gehört der Schneemannaufkleber? **Tilda**

Mögliche Reihenfolge: 4 – 9 – 1 – 2 – 6 – 10 – 3 – 7 – 8 – 11 – 5

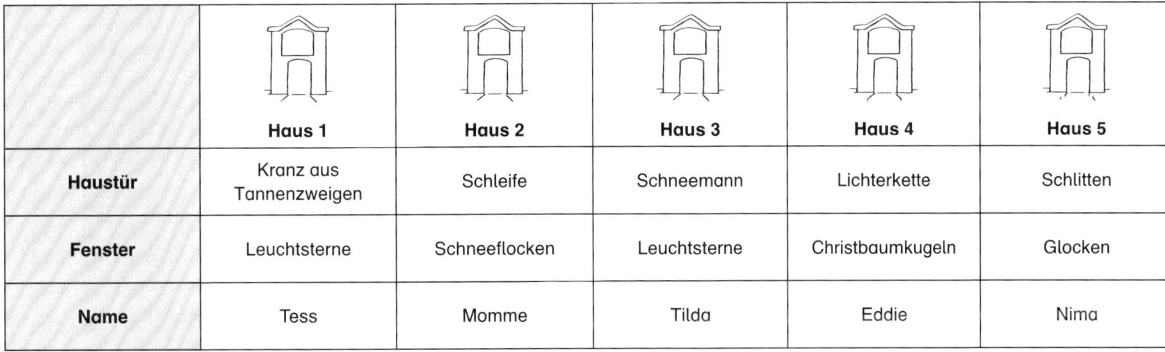

	Haus 1	Haus 2	Haus 3	Haus 4	Haus 5
Haustür	Kranz aus Tannenzweigen	Schleife	Schneemann	Lichterkette	Schlitten
Fenster	Leuchtsterne	Schneeflocken	Leuchtsterne	Christbaumkugeln	Glocken
Name	Tess	Momme	Tilda	Eddie	Nima

1. Momme hat Schneeflocken aus Papier in die Fenster gehängt.
2. Links und rechts von den Schneeflocken hängen Leuchtsterne in den Fenstern.
3. Nimas Haus hat kleine Glocken in den Fenstern.
4. Tilda wohnt in Haus 3.
5. An einer Tür klebt ein großer Schneemann.
6. Eddie wohnt neben Tilda.
7. Ein Haus hat eine Lichterkette an der Tür und Christbaumkugeln in den Fenstern.
8. Neben dem Haus mit dem Kranz aus Tannenzweigen hängt eine Schleife an der Tür.
9. Links neben Tildas Haus steht das Haus von Momme.
10. Tess hat Leuchtsterne in den Fenstern und einen Kranz aus Tannenzweigen an der Tür.
11. Das Haus mit Glocken in den Fenstern hat einen Schlitten vor der Haustür.

DIE KLEINEN WICHTEL

Der Weihnachtsmann hat viel zu tun und die Wichtel helfen ihm bei seinen wichtigen Aufgaben: Rentiere füttern, Geschenke einpacken, Schlitten schmücken, die Weihnachtsmannstiefel putzen, die Weihnachtsroute festlegen ...

Lies die Hinweise und male die Mützen und Bärte an. Schreibe die Namen der Wichtel dazu.

Finde heraus: Welcher Wichtel hat einen blauen Bart? ______________________

	Wichtel 1	Wichtel 2	Wichtel 3	Wichtel 4
Mütze				
Bartfarbe				
Name				

1. Neben der gelb-blau gestreiften Mütze steht Jonte mit seinem rosafarbenen Bart.
2. Ein Wichtel am Rand hat pinkfarbene Herzen auf der Mütze und einen blauen Bart.
3. Zwischen dem roten und dem blauen Bart steht ein Wichtel mit orangefarbenen Punkten auf der Mütze.
4. Nisse mit seinem roten Bart steht in der Mitte.
5. Wichtel 3 heißt Tomte.
6. Ein Wichtel heißt Snorre.
7. Ein Wichtel hat eine gelb-blau gestreifte Mütze.
8. Links von Nisse steht ein Wichtel mit einer grün gepunkteten Mütze.
9. Neben der gelb-blau gestreiften Mütze steht ein Wichtel mit einem grünen Bart.

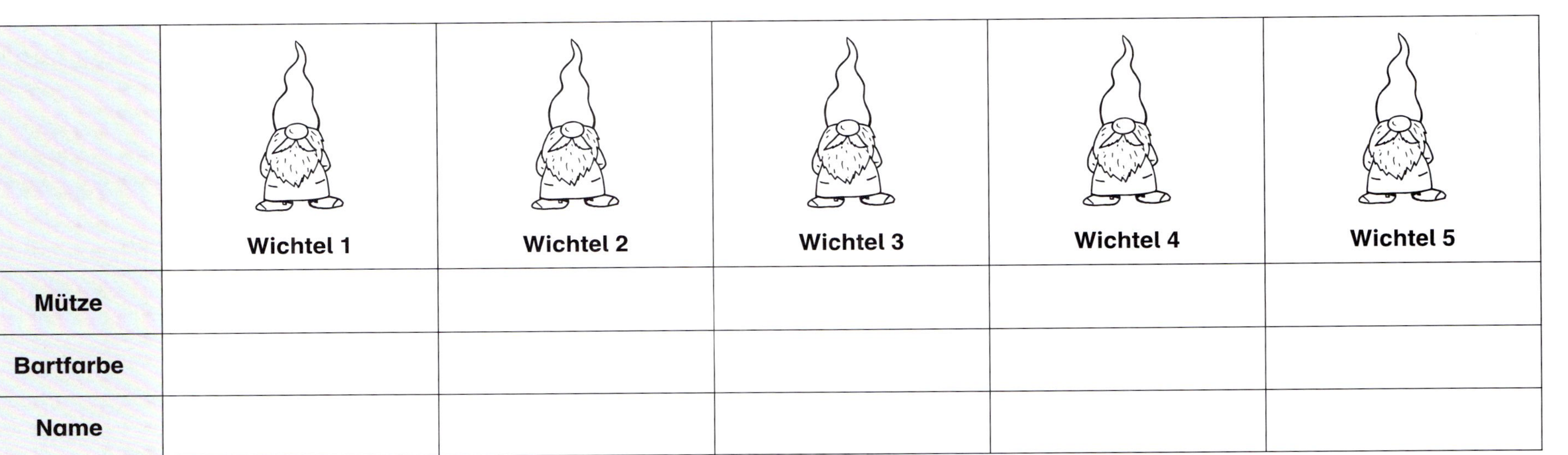

DIE KLEINEN WICHTEL

Der Weihnachtsmann hat viel zu tun und die Wichtel helfen ihm bei seinen wichtigen Aufgaben: Rentiere füttern, Geschenke einpacken, Schlitten schmücken, die Weihnachtsmannstiefel putzen, die Weihnachtsroute festlegen ...

Lies die Hinweise und male die Mützen und Bärte an. Schreibe die Namen der Wichtel dazu.

Finde heraus: Welcher Wichtel hat einen blauen Bart? ______________________

	Wichtel 1	Wichtel 2	Wichtel 3	Wichtel 4	Wichtel 5
Mütze					
Bartfarbe					
Name					

1. Jonte wäre mit einem grünen Bart nicht glücklich.
2. Ein Wichtel am Rand hat pinkfarbene Herzen auf der Mütze und einen blauen Bart.
3. Es gibt die Bartfarben Rosa, Grün, Gelb, Rot und Blau.
4. Nisse mit seinem roten Bart steht in einer mittleren Position.
5. Wichtel 3 heißt Tomte.
6. Neben dem Wichtel mit der gelb-blau gestreiften Mütze steht ein Wichtel mit oragefarbenen Punkten auf der Mütze.
7. Zwischen der Mütze mit den pinkfarbenen Herzen und der Mütze mit den orangefarbenen Punkten steht Knut.
8. Links von Nisse steht ein Wichtel mit einer grün gepunkteten Mütze.
9. Neben Jonte steht ein Wichtel mit einer gelb-blau gestreiften Mütze.
10. Der Wichtel neben der Mütze mit den bunten Sternen heißt Snorre.
11. Der Wichtel, der rechts neben Tomte steht, hat einen gelben Bart.

DIE KLEINEN WICHTEL

Der Weihnachtsmann hat viel zu tun und die Wichtel helfen ihm bei seinen wichtigen Aufgaben: Rentiere füttern, Geschenke einpacken, Schlitten schmücken, die Weihnachtsmannstiefel putzen, die Weihnachtsroute festlegen ...

Lies die Hinweise und male die Mützen und Bärte an. Schreibe die Namen der Wichtel dazu.

Finde heraus: Welcher Wichtel hat einen blauen Bart? **Snorre**

Mögliche Reihenfolge: 5 – 4 – 8 – 2 – 3 – 7 – 1 – 6 – 9

	Wichtel 1	Wichtel 2	Wichtel 3	Wichtel 4
Mütze	grüne Punkte	gelb-blau gestreift	orangefarbene Punkte	pinkfarbene Herzen
Bartfarbe	Rosa	Rot	Grün	Blau
Name	Jonte	Nisse	Tomte	Snorre

1. Neben der gelb-blau gestreiften Mütze steht Jonte mit seinem rosafarbenen Bart.
2. Ein Wichtel am Rand hat pinkfarbene Herzen auf der Mütze und einen blauen Bart.
3. Zwischen dem roten und dem blauen Bart steht ein Wichtel mit orangefarbenen Punkten auf der Mütze.
4. Nisse mit seinem roten Bart steht in der Mitte.
5. Wichtel 3 heißt Tomte.
6. Ein Wichtel heißt Snorre.
7. Ein Wichtel hat eine gelb-blau gestreifte Mütze.
8. Links von Nisse steht ein Wichtel mit einer grün gepunkteten Mütze.
9. Neben der gelb-blau gestreiften Mütze steht ein Wichtel mit einem grünen Bart.

DIE KLEINEN WICHTEL

Der Weihnachtsmann hat viel zu tun und die Wichtel helfen ihm bei seinen wichtigen Aufgaben: Rentiere füttern, Geschenke einpacken, Schlitten schmücken, die Weihnachtsmannstiefel putzen, die Weihnachtsroute festlegen ...

Lies die Hinweise und male die Mützen und Bärte an. Schreibe die Namen der Wichtel dazu.

Finde heraus: Welcher Wichtel hat einen blauen Bart? **Snorre**

Mögliche Reihenfolge: 5 – 11 – 4 – 8 – 2 – 7 – 1 – 9 – 3 – 6 – 10

	Wichtel 1	Wichtel 2	Wichtel 3	Wichtel 4	Wichtel 5
Mütze	grüne Punkte	gelb-blau gestreift	orangefarbene Punkte	bunte Sterne	pinkfarbene Herzen
Bartfarbe	Rosa	Rot	Grün	Gelb	Blau
Name	Jonte	Nisse	Tomte	Knut	Snorre

1. Jonte wäre mit einem grünen Bart nicht glücklich.
2. Ein Wichtel am Rand hat pinkfarbene Herzen auf der Mütze und einen blauen Bart.
3. Es gibt die Bartfarben Rosa, Grün, Gelb, Rot und Blau.
4. Nisse mit seinem roten Bart steht in einer mittleren Position.
5. Wichtel 3 heißt Tomte.
6. Neben dem Wichtel mit der gelb-blau gestreiften Mütze steht ein Wichtel mit oragefarbenen Punkten auf der Mütze.
7. Zwischen der Mütze mit den pinkfarbenen Herzen und der Mütze mit den orangefarbenen Punkten steht Knut.
8. Links von Nisse steht ein Wichtel mit einer grün gepunkteten Mütze.
9. Neben Jonte steht ein Wichtel mit einer gelb-blau gestreiften Mütze.
10. Der Wichtel neben der Mütze mit den bunten Sternen heißt Snorre.
11. Der Wichtel, der rechts neben Tomte steht, hat einen gelben Bart.

WINTERLICHE SCHULFEIER

Die fünften Klassen veranstalten eine Weihnachtsfeier, zu der auch die Geschwister, Eltern und Großeltern eingeladen sind. Jede Klasse bietet etwas zu essen, eine Bastelidee und ein Spiel oder eine Aktion an.

Lies die Hinweise und fülle die Tabelle aus.

Finde heraus: Welche Klasse bietet die Aktion „Weihnachten im Schuhkarton“ an? ______________________

	Affenklasse	Fledermausklasse	Otterklasse	Erdmännchenklasse
Essen				
Bastelidee				
Spiel/Aktion				

1. Die Klasse mit den Kerzenständern bietet nicht die Aktion „Lebkuchenhäuser“ an.
2. Nachdem man einen Muffin gegessen hat, kann man in einer Klasse noch Kerzenständer aus Salzteig basteln.
3. Frau Leopold kauft für ihre Klasse nicht nur Watte, sondern auch Pappe für die Schneemanngirlanden.
4. In der Klasse rechts von der Wattebällchenschlacht kann man Winterbingo spielen.
5. Die Fledermausklasse veranstaltet eine Schneeballschlacht mit Wattebällchen.
6. Zwei Klassen, die nebeneinanderstehen, bieten Muffins an.
7. In einer Klasse kann man Lebkuchen essen und Wichtel aus Toilettenpapierrollen basteln.
8. Nach dem Winterbingo kann man in der Klasse noch Brötchen essen und Sternanhänger basteln.
9. In einer Klasse kann für die Aktion „Weihnachten im Schuhkarton“ gepackt werden.

WINTERLICHE SCHULFEIER

Die fünften Klassen veranstalten eine Weihnachtsfeier, zu der auch die Geschwister, Eltern und Großeltern eingeladen sind. Jede Klasse bietet etwas zu essen, eine Bastelidee und ein Spiel oder eine Aktion an.

Lies die Hinweise und fülle die Tabelle aus.

Finde heraus: Welche Klasse bietet die Aktion „Weihnachten im Schuhkarton“ an? ____________________

	Affenklasse	**Fledermausklasse**	**Otterklasse**	**Erdmännchen-klasse**	**Papageienklasse**
Essen					
Bastelidee					
Spiel/Aktion					

1. In einer Klasse, die am Rand steht, werden Tannenbaumgirlanden gebastelt.
2. Nachdem man einen Muffin gegessen hat, kann man in einer Klasse noch Kerzenständer aus Salzteig basteln.
3. Frau Leopold kauft für ihre Klasse nicht nur Watte, sondern auch Pappe für die Schneemanngirlanden.
4. Die Klasse mit den Kerzenständern bietet nicht die Aktion „Lebkuchenhäuser“ an.
5. In der Klasse rechts von der Wattebällchenschlacht kann man Winterbingo spielen.
6. Die Fledermausklasse veranstaltet eine Schneeballschlacht mit Wattebällchen.
7. Zwei Klassen, die nebeneinanderstehen, bieten Muffins an.
8. In der Klasse neben den Brötchen kann man Lebkuchen essen und Wichtel aus Toilettenpapierrollen basteln.
9. Nach dem Winterbingo kann man in der Klasse noch Brötchen essen und Sternanhänger basteln.
10. Wer eine Tannenbaumgirlande gebastelt hat, kann auch gleich noch selbstgebackene Kekse essen und einen Winterparcours durchlaufen.
11. In einer Klasse kann für die Aktion „Weihnachten im Schuhkarton“ gepackt werden.

Winterliche Schulfeier – Lösungen

WINTERLICHE SCHULFEIER

Die fünften Klassen veranstalten eine Weihnachtsfeier, zu der auch die Geschwister, Eltern und Großeltern eingeladen sind. Jede Klasse bietet etwas zu essen, eine Bastelidee und ein Spiel oder eine Aktion an.

Lies die Hinweise und fülle die Tabelle aus.

Finde heraus: Welche Klasse bietet die Aktion „Weihnachten im Schuhkarton“ an? **die Affenklasse**

Mögliche Reihenfolge: 5 – 3 – 4 – 8 – 6 – 7 – 1 – 2 – 9

	Affenklasse	Fledermausklasse	Otterklasse	Erdmännchenklasse
Essen	Muffins	Muffins	Brötchen	Lebkuchen
Bastelidee	Kerzenständer aus Salzteig	Schneemanngirlanden	Sternanhänger	Wichtel aus Toilettenpapierrollen
Spiel/Aktion	Weihnachten im Schuhkarton	Schneeballschlacht mit Wattebällchen	Winterbingo	Lebkuchenhäuser

1. Die Klasse mit den Kerzenständern bietet nicht die Aktion „Lebkuchenhäuser“ an.
2. Nachdem man einen Muffin gegessen hat, kann man in einer Klasse noch Kerzenständer aus Salzteig basteln.
3. Frau Leopold kauft für ihre Klasse nicht nur Watte, sondern auch Pappe für die Schneemanngirlanden.
4. In der Klasse rechts von der Wattebällchenschlacht kann man Winterbingo spielen.
5. Die Fledermausklasse veranstaltet eine Schneeballschlacht mit Wattebällchen.
6. Zwei Klassen, die nebeneinanderstehen, bieten Muffins an.
7. In einer Klasse kann man Lebkuchen essen und Wichtel aus Toilettenpapierrollen basteln.
8. Nach dem Winterbingo kann man in der Klasse noch Brötchen essen und Sternanhänger basteln.
9. In einer Klasse kann für die Aktion „Weihnachten im Schuhkarton“ gepackt werden.

WINTERLICHE SCHULFEIER

Die fünften Klassen veranstalten eine Weihnachtsfeier, zu der auch die Geschwister, Eltern und Großeltern eingeladen sind. Jede Klasse bietet etwas zu essen, eine Bastelidee und ein Spiel oder eine Aktion an.

Lies die Hinweise und fülle die Tabelle aus.

Finde heraus: Welche Klasse bietet die Aktion „Weihnachten im Schuhkarton“ an? **die Affenklasse**

Mögliche Reihenfolge: 6 – 3 – 5 – 9 – 8 – 7 – 10 – 1 – 2 – 4 – 11

	Affenklasse	Fledermausklasse	Otterklasse	Erdmännchenklasse	Papageienklasse
Essen	Muffins	Muffins	Brötchen	Lebkuchen	selbstgebackene Kekse
Bastelidee	Kerzenständer aus Salzteig	Schneemanngirlanden	Sternanhänger	Wichtel aus Toilettenpapierrollen	Tannenbaumgirlanden
Spiel/Aktion	Weihnachten im Schuhkarton	Schneeballschlacht mit Wattebällchen	Winterbingo	Lebkuchenhäuser	Winterparcours

1. In einer Klasse, die am Rand steht, werden Tannenbaumgirlanden gebastelt.
2. Nachdem man einen Muffin gegessen hat, kann man in einer Klasse noch Kerzenständer aus Salzteig basteln.
3. Frau Leopold kauft für ihre Klasse nicht nur Watte, sondern auch Pappe für die Schneemanngirlanden.
4. Die Klasse mit den Kerzenständern bietet nicht die Aktion „Lebkuchenhäuser“ an.
5. In der Klasse rechts von der Wattebällchenschlacht kann man Winterbingo spielen.
6. Die Fledermausklasse veranstaltet eine Schneeballschlacht mit Wattebällchen.
7. Zwei Klassen, die nebeneinanderstehen, bieten Muffins an.
8. In der Klasse neben den Brötchen kann man Lebkuchen essen und Wichtel aus Toilettenpapierrollen basteln.
9. Nach dem Winterbingo kann man in der Klasse noch Brötchen essen und Sternanhänger basteln.
10. Wer eine Tannenbaumgirlande gebastelt hat, kann auch gleich noch selbstgebackene Kekse essen und einen Winterparcours durchlaufen.
11. In einer Klasse kann für die Aktion „Weihnachten im Schuhkarton“ gepackt werden.

FEIERTAGE IN DER ADVENTS- UND WEIHNACHTSZEIT

Heute haben die Kinder im Religionsunterricht gelernt, welche Feiertage es im Christentum in der Advents- und Weihnachtszeit gibt. Lies die Hinweise und fülle die Tabelle aus.

Finde heraus: An welchem Tag findet der 1. Advent statt? ______________________

	Festtag 1	Festtag 2	Festtag 3	Festtag 4
Name				
Datum				
Brauch				

1. Neben dem Festtag mit den gefüllten Stiefeln steht nicht der 1. Advent, an dem die erste Kerze angezündet wird.
2. Bei einem Festtag vom 4. Dezember ist es Brauch, Zweige ins Haus zu stellen, deren Knospen an Weihnachten aufbrechen.
3. In einer mittleren Position befindet sich der Nikolaustag, der am 6. Dezember gefeiert wird.
4. Neben dem 1. Advent steht das Luciafest, das am 13. Dezember gefeiert wird.
5. Ein Festtag findet am viertletzten Sonntag vor dem 1. Weihnachtstag statt.
6. Der Barbaratag wird am 4. Dezember gefeiert.
7. Beim Luciafest trägt die älteste Tochter einen Kerzenkranz und weckt die Familie.
8. Der Festtag 3 hat die Tradition, dass Kinder beschenkt werden und ihre Stiefel befüllt.
9. Es gibt diese Festtage: 1. Advent, Nikolaustag, Luciafest und Barbaratag.

FEIERTAGE IN DER ADVENTS- UND WEIHNACHTSZEIT

Heute haben die Kinder im Religionsunterricht gelernt, welche Feiertage es im Christentum in der Advents- und Weihnachtszeit gibt. Lies die Hinweise und fülle die Tabelle aus.

Finde heraus: An welchem Tag findet der 1. Advent statt? ______________________

	Festtag 1	Festtag 2	Festtag 3	Festtag 4	Festtag 5
Name					
Datum					
Brauch					

1. Links neben dem Festtag mit den gefüllten Stiefeln steht steht das Luciafest, das am 13. Dezember gefeiert wird.
2. Ein Fest, das nicht am Rand steht, wird am 6. Dezember gefeiert.
3. Der Barbaratag wird am 4. Dezember gefeiert und es ist Brauch, Zweige ins Haus zu stellen, deren Knospen an Weihnachten aufbrechen.
4. Ein Festtag findet am viertletzten Sonntag vor dem 1. Weihnachtstag statt.
5. Zwischen dem Luciafest und dem Barbaratag steht der Nikolaustag.
6. An einem Tag ist es Brauch, die erste Kerze anzuzünden.
7. Neben dem Barbaratag steht der Dreikönigstag, an dem die Häuser durch die Sternsinger gesegnet werden.
8. Beim Luciafest trägt die älteste Tochter einen Kerzenkranz und weckt die Familie.
9. Der Festtag 3 hat die Tradition, dass Kinder beschenkt werden und ihre Stiefel befüllt.
10. Es gibt diese Festtage: Dreikönigstag, Nikolaustag, Luciafest, Barbaratag und 1. Advent.
11. Der 1. Advent findet nicht am 6. Januar statt.

FEIERTAGE IN DER ADVENTS- UND WEIHNACHTSZEIT

Heute haben die Kinder im Religionsunterricht gelernt, welche Feiertage es im Christentum in der Advents- und Weihnachtszeit gibt. Lies die Hinweise und fülle die Tabelle aus.

Finde heraus: An welchem Tag findet der 1. Advent statt? **am viertletzten Sonntag vor dem 1. Weihnachtstag**

Mögliche Reihenfolge: 8 – 1 – 4 – 7 – 3 – 9 – 6 – 2 – 5

	Festtag 1	Festtag 2	Festtag 3	Festtag 4
Name	1. Advent	Luciafest	Nikolaustag	Barbaratag
Datum	viertletzter Sonntag vor dem 1. Weihnachtstag	13. Dezember	6. Dezember	4. Dezember
Brauch	die erste Kerze wird angezündet	die älteste Tochter trägt an diesem Tag einen Kerzenkranz und weckt die Familie	beschenkt die Kinder und füllt deren Stiefel	Zweige ins Haus stellen, deren Knospen an Weihnachten aufbrechen

1. Neben dem Festtag mit den gefüllten Stiefeln steht nicht der 1. Advent, an dem die erste Kerze angezündet wird.
2. Bei einem Festtag vom 4. Dezember ist es Brauch, Zweige ins Haus zu stellen, deren Knospen an Weihnachten aufbrechen.
3. In einer mittleren Position befindet sich der Nikolaustag, der am 6. Dezember gefeiert wird.
4. Neben dem 1. Advent steht das Luciafest, das am 13. Dezember gefeiert wird.
5. Ein Festtag findet am viertletzten Sonntag vor dem 1. Weihnachtstag statt.
6. Der Barbaratag wird am 4. Dezember gefeiert.
7. Beim Luciafest trägt die älteste Tochter einen Kerzenkranz und weckt die Familie.
8. Der Festtag 3 hat die Tradition, dass Kinder beschenkt werden und ihre Stiefel befüllt.
9. Es gibt diese Festtage: 1. Advent, Nikolaustag, Luciafest und Barbaratag.

FEIERTAGE IN DER ADVENTS- UND WEIHNACHTSZEIT

Heute haben die Kinder im Religionsunterricht gelernt, welche Feiertage es im Christentum in der Advents- und Weihnachtszeit gibt. Lies die Hinweise und fülle die Tabelle aus.

Finde heraus: An welchem Tag findet der 1. Advent statt? **am viertletzten Sonntag vor dem 1. Weihnachtstag**

Mögliche Reihenfolge: 9 – 1 – 5 – 7 – 8 – 10 – 11 – 3 – 2 – 4 – 6

	Festtag 1	Festtag 2	Festtag 3	Festtag 4	Festtag 5
Name	1. Advent	Luciafest	Nikolaustag	Barbaratag	Dreikönigstag
Datum	viertletzter Sonntag vor dem 1. Weihnachtstag	13. Dezember	6. Dezember	4. Dezember	6. Januar
Brauch	die erste Kerze wird angezündet	die älteste Tochter trägt an diesem Tag einen Kerzenkranz und weckt die Familie	beschenkt die Kinder und füllt deren Stiefel	Zweige ins Haus stellen, deren Knospen an Weihnachten aufbrechen	an diesem Tag werden durch die Sternsinger die Häuser gesegnet

1. Links neben dem Festtag mit den gefüllten Stiefeln steht steht das Luciafest, das am 13. Dezember gefeiert wird.
2. Ein Fest, das nicht am Rand steht, wird am 6. Dezember gefeiert.
3. Der Barbaratag wird am 4. Dezember gefeiert und es ist Brauch, Zweige ins Haus zu stellen, deren Knospen an Weihnachten aufbrechen.
4. Ein Festtag findet am viertletzten Sonntag vor dem 1. Weihnachtstag statt.
5. Zwischen dem Luciafest und dem Barbaratag steht der Nikolaustag.
6. An einem Tag ist es Brauch, die erste Kerze anzuzünden.
7. Neben dem Barbaratag steht der Dreikönigstag, an dem die Häuser durch die Sternsinger gesegnet werden.
8. Beim Luciafest trägt die älteste Tochter einen Kerzenkranz und weckt die Familie.
9. Der Festtag 3 hat die Tradition, dass Kinder beschenkt werden und ihre Stiefel befüllt.
10. Es gibt diese Festtage: Dreikönigstag, Nikolaustag, Luciafest, Barbaratag und 1. Advent.
11. Der 1. Advent findet nicht am 6. Januar statt.

So viel Weihnachtsbaumschmuck

Die Kinder wollen gemeinsam den Tannenbaum schmücken. Jedes Kind bringt dazu jeweils einen Anhänger mit und ein Lebensmittel, das in den Baum gehängt werden kann.

Lies die Hinweise und fülle die Tabelle aus.

Finde heraus: Wer hat den selbstgebackenen Keks mitgebracht? ______________________

	Kind 1	**Kind 2**	**Kind 3**	**Kind 4**
Name				
Anhänger				
Lebensmittel				

1. Neben dem Kind mit den Apfelscheiben ist ein Kind, das ein Holzpferd mitgebracht hat.
2. Ein Kind hat einen selbstgebackenen Keks mitgebracht.
3. Das zweite Kind bringt eine Zuckerstange mit.
4. Rechts neben dem Kind mit der Zuckerstange steht Ida mit ihrem Papierstern.
5. Finn hat getrocknete Apfelscheiben mitgebracht.
6. Das Kind mit der Christbaumkugel hat auch getrocknete Orangenscheiben mitgebracht.
7. Es gibt die Anhänger Holzpferd, Papierstern, Christbaumkugel und Rentieranhänger.
8. Franka steht links und Enis rechts von Ida.
9. Finn liebt alles, was mit Rentieren zu tun hat.

SO VIEL WEIHNACHTSBAUMSCHMUCK

Die Kinder wollen gemeinsam den Tannenbaum schmücken. Jedes Kind bringt dazu jeweils einen Anhänger mit und ein Lebensmittel, das in den Baum gehängt werden kann.

Lies die Hinweise und fülle die Tabelle aus.

Finde heraus: Wer hat den selbstgebackenen Keks mitgebracht? ______________________

	Kind 1	Kind 2	Kind 3	Kind 4	Kind 5
Name					
Anhänger					
Lebensmittel					

1. Pelle hat einen Schlittenanhänger für den Baum mitgebracht.
2. Ein Kind hat einen selbstgebackenen Keks mitgebracht.
3. Neben Pelle ist ein Kind, das eine Christbaumkugel mitgebracht hat.
4. Das zweite Kind bringt eine Zuckerstange mit.
5. Rechts neben dem Kind mit der Zuckerstange steht Ida mit ihrem Papierstern.
6. Finn steht neben Franka.
7. Finn liebt alles, was mit Rentieren zu tun hat und hat neben einem Anhänger auch noch getrocknete Apfelscheiben mitgebracht.
8. Das Kind mit der Christbaumkugel hat auch getrocknete Orangenscheiben mitgebracht.
9. Franka steht links und Enis rechts von Ida.
10. Es gibt die Anhänger Holzpferd, Papierstern, Christbaumkugel, Schlitten und Rentier.
11. Ein Kind am Rand hat eine Zimtstange mitgebracht.

So viel Weihnachtsbaumschmuck – Lösungen

SO VIEL WEIHNACHTSBAUMSCHMUCK

Die Kinder wollen gemeinsam den Tannenbaum schmücken. Jedes Kind bringt dazu jeweils einen Anhänger mit und ein Lebensmittel, das in den Baum gehängt werden kann.

Lies die Hinweise und fülle die Tabelle aus.

Finde heraus: Wer hat den selbstgebackenen Keks mitgebracht? **Ida**

Mögliche Reihenfolge: 3 – 4 – 8 – 9 – 5 – 6 – 7 – 1 – 2

	Kind 1	Kind 2	Kind 3	Kind 4
Name	Finn	Franka	Ida	Enis
Anhänger	Rentieranhänger	Holzpferd	Papierstern	Christbaumkugel
Lebensmittel	Apfelscheiben	Zuckerstange	selbstgebackener Keks	Orangenscheiben

1. Neben dem Kind mit den Apfelscheiben ist ein Kind, das ein Holzpferd mitgebracht hat.
2. Ein Kind hat einen selbstgebackenen Keks mitgebracht.
3. Das zweite Kind bringt eine Zuckerstange mit.
4. Rechts neben dem Kind mit der Zuckerstange steht Ida mit ihrem Papierstern.
5. Finn hat getrocknete Apfelscheiben mitgebracht.
6. Das Kind mit der Christbaumkugel hat auch getrocknete Orangenscheiben mitgebracht.
7. Es gibt die Anhänger Holzpferd, Papierstern, Christbaumkugel und Rentieranhänger.
8. Franka steht links und Enis rechts von Ida.
9. Finn liebt alles, was mit Rentieren zu tun hat.

SO VIEL WEIHNACHTSBAUMSCHMUCK

Die Kinder wollen gemeinsam den Tannenbaum schmücken. Jedes Kind bringt dazu jeweils einen Anhänger mit und ein Lebensmittel, das in den Baum gehängt werden kann.

Lies die Hinweise und fülle die Tabelle aus.

Finde heraus: Wer hat den selbstgebackenen Keks mitgebracht? **Ida**

Mögliche Reihenfolge: 4 – 5 – 9 – 6 – 7 – 1 – 3 – 8 – 10 – 11 – 2

	Kind 1	Kind 2	Kind 3	Kind 4	Kind 5
Name	Finn	Franka	Ida	Enis	Pelle
Anhänger	Rentier	Holzpferd	Papierstern	Christbaumkugel	Schlitten
Lebensmittel	Apfelscheiben	Zuckerstange	selbstgebackener Keks	Orangenscheiben	Zimtstange

1. Pelle hat einen Schlittenanhänger für den Baum mitgebracht.
2. Ein Kind hat einen selbstgebackenen Keks mitgebracht.
3. Neben Pelle ist ein Kind, das eine Christbaumkugel mitgebracht hat.
4. Das zweite Kind bringt eine Zuckerstange mit.
5. Rechts neben dem Kind mit der Zuckerstange steht Ida mit ihrem Papierstern.
6. Finn steht neben Franka.
7. Finn liebt alles, was mit Rentieren zu tun hat und hat neben einem Anhänger auch noch getrocknete Apfelscheiben mitgebracht.
8. Das Kind mit der Christbaumkugel hat auch getrocknete Orangenscheiben mitgebracht.
9. Franka steht links und Enis rechts von Ida.
10. Es gibt die Anhänger Holzpferd, Papierstern, Christbaumkugel, Schlitten und Rentier.
11. Ein Kind am Rand hat eine Zimtstange mitgebracht.

IM IGLUDORF

Im Igludorf gibt es vier Iglus, die mit den Zahlen 1 bis 4 nummeriert sind. In jedem Iglu wohnt ein anderes Tier. Auch die Türfarben und die Gegenstände neben den Iglus unterscheiden sich.

Lies die Hinweise. Zeichne Türen für die Iglus und male sie farbig an.
Male die fehlenden Gegenstände und Tiere dazu.

Finde heraus: Wem gehört der Schlitten? ____________________

	1	2	3	4
Bewohner				
Türfarbe				
Gegenstand				

1. Ein Tier hat einen Schlitten neben dem Iglu abgestellt.
2. Der Eisbär mag die Farbe Rot nicht, so würde er seine Tür nie streichen.
3. Der Eisbär wohnt im Iglu mit der Nummer 3.
4. Der Pinguin wohnt neben dem Haus mit der Tanne.
5. Diese Türfarben gibt es: Gelb, Grün, Blau und Rot.
6. Links neben dem Eisbären wohnt der Pinguin mit der grünen Tür.
7. Im Iglu mit der roten Tür wohnt das Eichhörnchen, das seine Skier in den Schnee gestellt hat.
8. Der Dachs hat einen Ofen neben seinem Iglu aufgestellt, um sich zu wärmen.
9. Links von der grünen Tür steht das Iglu mit der gelben Tür.

IM IGLUDORF

Im Igludorf gibt es fünf Iglus, die mit den Zahlen 1 bis 5 nummeriert sind. In jedem Iglu wohnt ein anderes Tier. Auch die Türfarben und die Gegenstände neben den Iglus unterscheiden sich.

Lies die Hinweise. Zeichne Türen für die Iglus und male sie farbig an.
Male die fehlenden Gegenstände und Tiere dazu.

Finde heraus: Wem gehört der Schlitten? ______________________

	1	2	3	4	5
Bewohner					
Türfarbe					
Gegenstand					

1. Das Eichhörnchen wohnt nicht in einem Iglu am Rand.
2. Zwischen der grünen und der roten Tür steht ein Iglu mit einer Tanne.
3. Der Eisbär wohnt im Iglu mit der Nummer 3.
4. Der Schneemann gehört zu einer pinkfarbenen Tür.
5. Diese Türfarben gibt es: Gelb, Grün, Blau, Pink und Rot.
6. Links neben dem Eisbären wohnt der Pinguin mit der grünen Tür.
7. Neben dem Iglu des Eisbären steht ein Iglu mit der roten Tür und den Skiern im Schnee.
8. Der Dachs hat einen Ofen neben seinem Iglu aufgestellt, um sich zu wärmen.
9. Links von der grünen Tür steht das Iglu mit der gelben Tür.
10. Ein Tier hat einen Schlitten neben dem Iglu abgestellt.
11. Neben dem Eichhörnchen wohnt auch das Wildschwein.

IM IGLUDORF

Im Igludorf gibt es vier Iglus, die mit den Zahlen 1 bis 4 nummeriert sind. In jedem Iglu wohnt ein anderes Tier. Auch die Türfarben und die Gegenstände neben den Iglus unterscheiden sich.

Lies die Hinweise. Zeichne Türen für die Iglus und male sie farbig an.
Male die fehlenden Gegenstände und Tiere dazu.

Finde heraus: Wem gehört der Schlitten? **dem Pinguin**

Mögliche Reihenfolge: 3 – 6 – 9 – 2 – 5 – 7 – 8 – 4 – 1

	1	2	3	4
Bewohner	Dachs	Pinguin	Eisbär	Eichhörnchen
Türfarbe	Gelb	Grün	Blau	Rot
Gegenstand	Ofen	Schlitten	Tanne	Skier

1. Ein Tier hat einen Schlitten neben dem Iglu abgestellt.
2. Der Eisbär mag die Farbe Rot nicht, so würde er seine Tür nie streichen.
3. Der Eisbär wohnt im Iglu mit der Nummer 3.
4. Der Pinguin wohnt neben dem Haus mit der Tanne.
5. Diese Türfarben gibt es: Gelb, Grün, Blau und Rot.
6. Links neben dem Eisbären wohnt der Pinguin mit der grünen Tür.
7. Im Iglu mit der roten Tür wohnt das Eichhörnchen, das seine Skier in den Schnee gestellt hat.
8. Der Dachs hat einen Ofen neben seinem Iglu aufgestellt, um sich zu wärmen.
9. Links von der grünen Tür steht das Iglu mit der gelben Tür.

IM IGLUDORF

Im Igludorf gibt es fünf Iglus, die mit den Zahlen 1 bis 5 nummeriert sind. In jedem Iglu wohnt ein anderes Tier. Auch die Türfarben und die Gegenstände neben den Iglus unterscheiden sich.

Lies die Hinweise. Zeichne Türen für die Iglus und male sie farbig an.
Male die fehlenden Gegenstände und Tiere dazu.

Finde heraus: Wem gehört der Schlitten? **dem Pinguin**

Mögliche Reihenfolge: 3 – 6 – 7 – 9 – 1 – 2 – 11 – 8 – 4 – 5 – 10

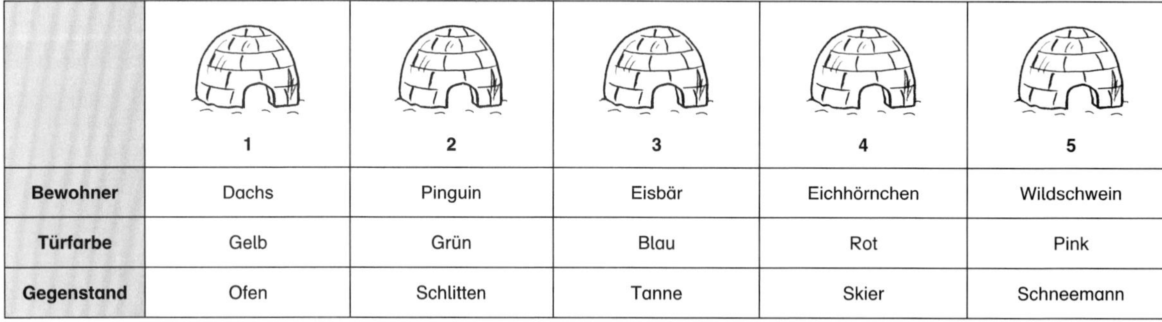

	1	2	3	4	5
Bewohner	Dachs	Pinguin	Eisbär	Eichhörnchen	Wildschwein
Türfarbe	Gelb	Grün	Blau	Rot	Pink
Gegenstand	Ofen	Schlitten	Tanne	Skier	Schneemann

1. Das Eichhörnchen wohnt nicht in einem Iglu am Rand.
2. Zwischen der grünen und der roten Tür steht ein Iglu mit einer Tanne.
3. Der Eisbär wohnt im Iglu mit der Nummer 3.
4. Der Schneemann gehört zu einer pinkfarbenen Tür.
5. Diese Türfarben gibt es: Gelb, Grün, Blau, Pink und Rot.
6. Links neben dem Eisbären wohnt der Pinguin mit der grünen Tür.
7. Neben dem Iglu des Eisbären steht ein Iglu mit der roten Tür und den Skiern im Schnee.
8. Der Dachs hat einen Ofen neben seinem Iglu aufgestellt, um sich zu wärmen.
9. Links von der grünen Tür steht das Iglu mit der gelben Tür.
10. Ein Tier hat einen Schlitten neben dem Iglu abgestellt.
11. Neben dem Eichhörnchen wohnt auch das Wildschwein.

DIE PINGUINE SIND LOS

Die Pinguinkinder machen sich bereit für einen Nachmittag im Schnee. Jeder Pinguin trägt eine Mütze und einen Schal und hat etwas dabei, um der Lieblingsbeschäftigung nachzugehen.

Lies die Hinweise und male die Mützen und Schals an. Male die fehlenden Gegenstände dazu.

Finde heraus: Wer trägt die grüne Mütze? ______________________

	Pepe	Pina	Pablo	Philippa
Schal				
Mütze				
Gegenstand				

1. Der Pinguin mit dem Schlitten trägt eine rote Mütze und einen orangefarbenen Schal.
2. Die Pinguine mit den Skiern tragen pinkfarbene Schals.
3. Zwei Pinguine haben ihre Skier angeschnallt.
4. Pina mag die Farbe Blau nicht.
5. Pablo geht nie ohne seinen Schlitten aus dem Haus.
6. Links neben dem Schlitten steht der Pinguin mit seinen Schlittschuhen.
7. Zwischen dem Pinguin mit der gelben und dem mit der blauen Mütze ist der Pinguin mit der roten Mütze.
8. Der Pinguin mit der gelben Mütze trägt einen grünen Schal.
9. Ein Pinguin hat eine grüne Mütze.

DIE PINGUINE SIND LOS

Die Pinguinkinder machen sich bereit für einen Nachmittag im Schnee. Jeder Pinguin trägt eine Mütze und einen Schal und hat etwas dabei, um der Lieblingsbeschäftigung nachzugehen.

Lies die Hinweise und male die Mützen und Schals an. Male die fehlenden Gegenstände dazu.

Finde heraus: Wer trägt die grüne Mütze? ____________________

	Pepe	Pina	Pablo	Philippa	Piet
Schal					
Mütze					
Gegenstand					

1. Der Pinguin mit dem Schlitten trägt eine rote Mütze und einen orangefarbenen Schal.
2. Die Pinguine mit den Skiern tragen pinkfarbene Schals.
3. Zwei Pinguinjungen haben ihre Skier angeschnallt.
4. Pina mag die Farbe Blau nicht.
5. Pablo geht nie ohne seinen Schlitten aus dem Haus.
6. Links neben dem Schlitten steht der Pinguin mit seinen Schlittschuhen.
7. Zwischen dem Pinguin mit der gelben und dem mit der blauen Mütze ist der Pinguin mit der roten Mütze.
8. Der Pinguin mit der schwarzen Mütze steht nicht links.
9. Neben dem Pinguin mit dem orangen Schal stehen Pinguine mit grünen Schals.
10. Ein Pinguin hat eine Karotte dabei, um einen Schneemann zu bauen.
11. Ein Pinguin hat eine grüne Mütze.

Die Pinguine sind los – Lösungen

DIE PINGUINE SIND LOS

Die Pinguinkinder machen sich bereit für einen Nachmittag im Schnee. Jeder Pinguin trägt eine Mütze und einen Schal und hat etwas dabei, um der Lieblingsbeschäftigung nachzugehen.

Lies die Hinweise und male die Mützen und Schals an. Male die fehlenden Gegenstände dazu.

Finde heraus: Wer trägt die grüne Mütze? **Pepe**

Mögliche Reihenfolge: 5 – 6 – 1 – 3 – 2 – 7 – 4 – 8 – 9

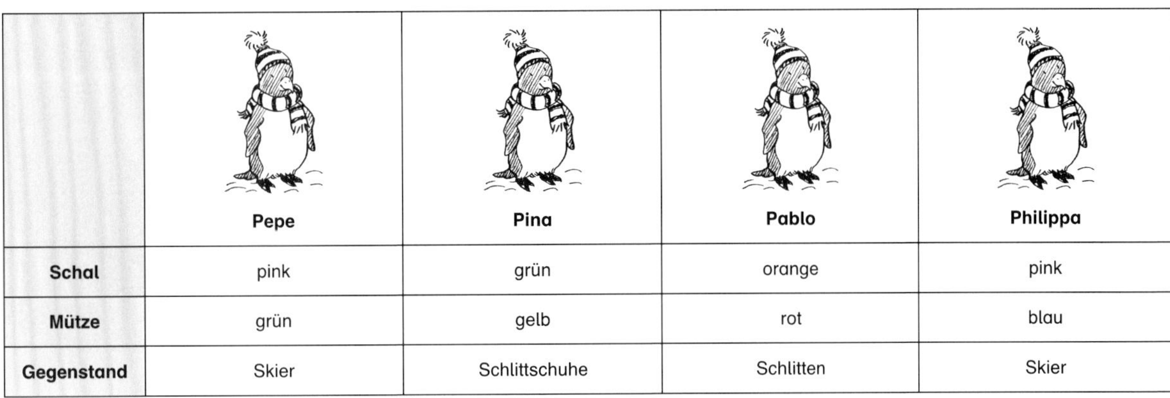

	Pepe	Pina	Pablo	Philippa
Schal	pink	grün	orange	pink
Mütze	grün	gelb	rot	blau
Gegenstand	Skier	Schlittschuhe	Schlitten	Skier

1. Der Pinguin mit dem Schlitten trägt eine rote Mütze und einen orangefarbenen Schal.
2. Die Pinguine mit den Skiern tragen pinkfarbene Schals.
3. Zwei Pinguine haben ihre Skier angeschnallt.
4. Pina mag die Farbe Blau nicht.
5. Pablo geht nie ohne seinen Schlitten aus dem Haus.
6. Links neben dem Schlitten steht der Pinguin mit seinen Schlittschuhen.
7. Zwischen dem Pinguin mit der gelben und dem mit der blauen Mütze ist der Pinguin mit der roten Mütze.
8. Der Pinguin mit der gelben Mütze trägt einen grünen Schal.
9. Ein Pinguin hat eine grüne Mütze.

DIE PINGUINE SIND LOS

Die Pinguinkinder machen sich bereit für einen Nachmittag im Schnee. Jeder Pinguin trägt eine Mütze und einen Schal und hat etwas dabei, um der Lieblingsbeschäftigung nachzugehen.

Lies die Hinweise und male die Mützen und Schals an. Male die fehlenden Gegenstände dazu.

Finde heraus: Wer trägt die grüne Mütze? **Pepe**

Mögliche Reihenfolge: 5 – 6 – 1 – 3 – 2 – 7 – 4 – 8 – 9 – 10 – 11

	Pepe	Pina	Pablo	Philippa	Piet
Schal	pink	grün	orange	grün	pink
Mütze	grün	gelb	rot	blau	schwarz
Gegenstand	Skier	Schlittschuhe	Schlitten	Karotte	Skier

1. Der Pinguin mit dem Schlitten trägt eine rote Mütze und einen orangefarbenen Schal.
2. Die Pinguine mit den Skiern tragen pinkfarbene Schals.
3. Zwei Pinguinjungen haben ihre Skier angeschnallt.
4. Pina mag die Farbe Blau nicht.
5. Pablo geht nie ohne seinen Schlitten aus dem Haus.
6. Links neben dem Schlitten steht der Pinguin mit seinen Schlittschuhen.
7. Zwischen dem Pinguin mit der gelben und dem mit der blauen Mütze ist der Pinguin mit der roten Mütze.
8. Der Pinguin mit der schwarzen Mütze steht nicht links.
9. Neben dem Pinguin mit dem orangen Schal stehen Pinguine mit grünen Schals.
10. Ein Pinguin hat eine Karotte dabei, um einen Schneemann zu bauen.
11. Ein Pinguin hat eine grüne Mütze.

AUF DER RODELBAHN

Über Nacht ist neuer Schnee gefallen. Nach der Schule treffen sich die Kinder auf der Rodelbahn. Jedes Kind saust mit einem anderen Gegenstand den Berg hinab.

Lies die Hinweise und male die Schneeanzüge an.
Male fehlende Gegenstände dazu.
Schreibe den Namen der Kinder darunter.

Finde heraus: Welches Kind ist mit einem Wäschekorb auf der Rodelbahn? ______________________

	Kind 1	Kind 2	Kind 3	Kind 4
Gegenstand				
Farbe Schneeanzug				
Name				

1. Malik würde sich nicht trauen mit Skiern den Berg hinunterzufahren.
2. Kind 3 rodelt mit einem Schwimmreifen.
3. Ein Kind rodelt mit einem Wäschekorb.
4. Es gibt diese Schneeanzugfarben: Blau, Grau, Grün und Gelb.
5. Das Kind mit dem blauen Schneeanzug steht nicht neben dem Kind mit dem Schwimmreifen.
6. Zwischen Malik und Emma steht Marlene.
7. Emma trägt einen grünen Schneeanzug.
8. Abby saust mit ihrem Schlitten den Berg hinab.
9. Am rechten Rand steht Malik mit seinem grauen Schneeanzug.

AUF DER RODELBAHN

Über Nacht ist neuer Schnee gefallen. Nach der Schule treffen sich die Kinder auf der Rodelbahn. Jedes Kind saust mit einem anderen Gegenstand den Berg hinab.

Lies die Hinweise und male die Schneeanzüge an.
Male fehlende Gegenstände dazu.
Schreibe den Namen der Kinder darunter.

Finde heraus: Welches Kind ist mit einem Wäschekorb auf der Rodelbahn? ______________________

	Kind 1	Kind 2	Kind 3	Kind 4	Kind 5
Gegenstand					
Farbe Schneeanzug					
Name					

1. Tobi trägt seinen orangefarbenen Schneeanzug.
2. Kind 3 rodelt mit einem Schwimmreifen.
3. Malik würde sich nicht trauen mit Skiern den Berg hinunterzufahren.
4. Neben dem orangefarbenen Schneeanzug steht ein Kind mit einem gelben Schneeanzug.
5. Es gibt diese Schneeanzugfarben: Blau, Grau, Grün, Orange und Gelb.
6. Das Kind mit dem blauen Schneeanzug steht nicht neben dem Kind mit dem Schwimmreifen.
7. Zwischen Malik und Marlene steht Tobi mit seinem Wok.
8. Emma trägt einen grünen Schneeanzug.
9. Abby saust mit ihrem Schlitten den Berg hinab.
10. Am rechten Rand steht Malik mit seinem grauen Schneeanzug.
11. Ein Kind rodelt mit einem Wäschekorb.

AUF DER RODELBAHN

Über Nacht ist neuer Schnee gefallen. Nach der Schule treffen sich die Kinder auf der Rodelbahn. Jedes Kind saust mit einem anderen Gegenstand den Berg hinab.

Lies die Hinweise und male die Schneeanzüge an.
Male fehlende Gegenstände dazu.
Schreibe den Namen der Kinder darunter.

Finde heraus: Welches Kind ist mit einem Wäschekorb auf der Rodelbahn? **Malik**

Mögliche Reihenfolge: 2 – 5 – 9 – 6 – 7 – 8 – 4 – 1 – 3

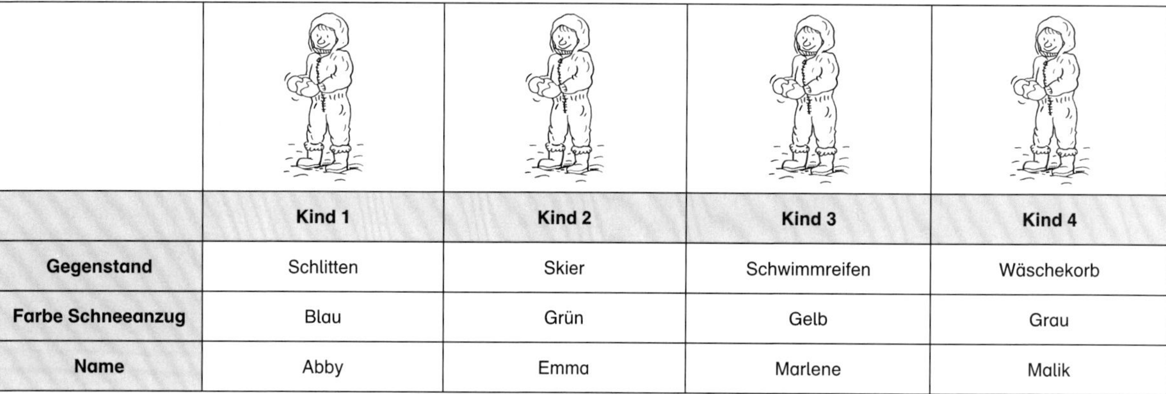

	Kind 1	Kind 2	Kind 3	Kind 4
Gegenstand	Schlitten	Skier	Schwimmreifen	Wäschekorb
Farbe Schneeanzug	Blau	Grün	Gelb	Grau
Name	Abby	Emma	Marlene	Malik

1. Malik würde sich nicht trauen mit Skiern den Berg hinunterzufahren.
2. Kind 3 rodelt mit einem Schwimmreifen.
3. Ein Kind rodelt mit einem Wäschekorb.
4. Es gibt diese Schneeanzugfarben: Blau, Grau, Grün und Gelb.
5. Das Kind mit dem blauen Schneeanzug steht nicht neben dem Kind mit dem Schwimmreifen.
6. Zwischen Malik und Emma steht Marlene.
7. Emma trägt einen grünen Schneeanzug.
8. Abby saust mit ihrem Schlitten den Berg hinab.
9. Am rechten Rand steht Malik mit seinem grauen Schneeanzug.

AUF DER RODELBAHN

Über Nacht ist neuer Schnee gefallen. Nach der Schule treffen sich die Kinder auf der Rodelbahn. Jedes Kind saust mit einem anderen Gegenstand den Berg hinab.

Lies die Hinweise und male die Schneeanzüge an.
Male fehlende Gegenstände dazu.
Schreibe den Namen der Kinder darunter.

Finde heraus: Welches Kind ist mit einem Wäschekorb auf der Rodelbahn? **Malik**

Mögliche Reihenfolge: 2 – 10 – 6 – 7 – 8 – 9 – 1 – 3 – 4 – 5 – 11

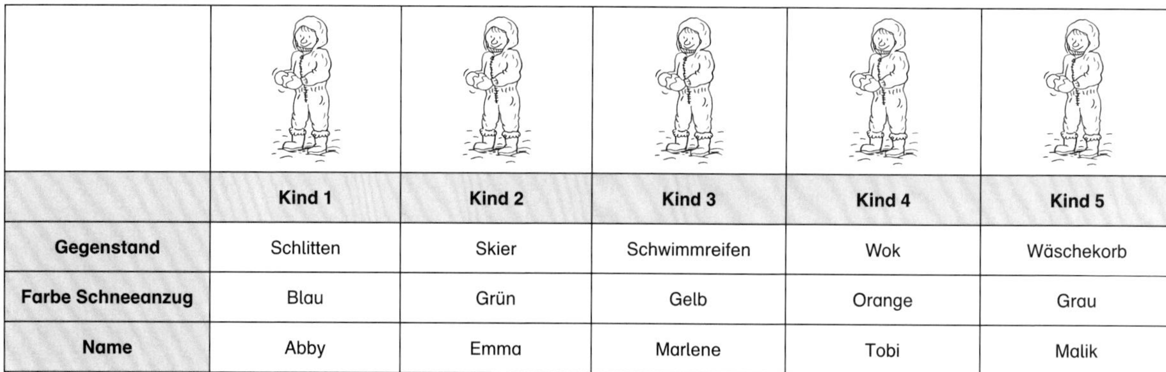

	Kind 1	Kind 2	Kind 3	Kind 4	Kind 5
Gegenstand	Schlitten	Skier	Schwimmreifen	Wok	Wäschekorb
Farbe Schneeanzug	Blau	Grün	Gelb	Orange	Grau
Name	Abby	Emma	Marlene	Tobi	Malik

1. Tobi trägt seinen orangefarbenen Schneeanzug.
2. Kind 3 rodelt mit einem Schwimmreifen.
3. Malik würde sich nicht trauen mit Skiern den Berg hinunterzufahren.
4. Neben dem orangefarbenen Schneeanzug steht ein Kind mit einem gelben Schneeanzug.
5. Es gibt diese Schneeanzugfarben: Blau, Grau, Grün, Orange und Gelb.
6. Das Kind mit dem blauen Schneeanzug steht nicht neben dem Kind mit dem Schwimmreifen.
7. Zwischen Malik und Marlene steht Tobi mit seinem Wok.
8. Emma trägt einen grünen Schneeanzug.
9. Abby saust mit ihrem Schlitten den Berg hinab.
10. Am rechten Rand steht Malik mit seinem grauen Schneeanzug.
11. Ein Kind rodelt mit einem Wäschekorb.

WEIHNACHTSBRÄUCHE IN ANDEREN LÄNDERN

In den Ländern Europas wird auf unterschiedliche Weise Weihnachten gefeiert. In jedem Land gibt es ein anderes traditionelles Essen und einen anderen Überbringer der Geschenke.

Lies die Hinweise und fülle die Tabelle aus.

Finde heraus: In welchem Land gibt es an Weihnachten eingelegten Hering? ____________________

	Land 1	Land 2	Land 3	Land 4
Land				
Essen				
Geschenkebringer				

1. Als Nachtisch wird in einem Land in der Mitte gefüllte Panettone gegessen.
2. Links neben der Hexe ist ein Land, in dem die 13 Weihnachtstrolle, die Jólasveinar, den Weihnachtsmann vertreten.
3. Zwischen Italien und Schweden ist England.
4. Es gibt die Länder Italien, England, Schweden und Island.
5. In Land 2 bringt die Hexe Befana die Geschenke.
6. In dem Land neben Father Christmas heißt das Weihnachtsbuffet Julbord.
7. Am Rand liegt Schweden, in dem die Geschenke von dem guten Wichtel Jultomte gebracht werden.
8. In einem Land wird traditionell Plumpudding gegessen, wenn Father Christmas die Geschenke bringt.
9. In einem Land gehört Hering mit Brot zum traditionellen Weihnachtsessen.

WEIHNACHTSBRÄUCHE IN ANDEREN LÄNDERN

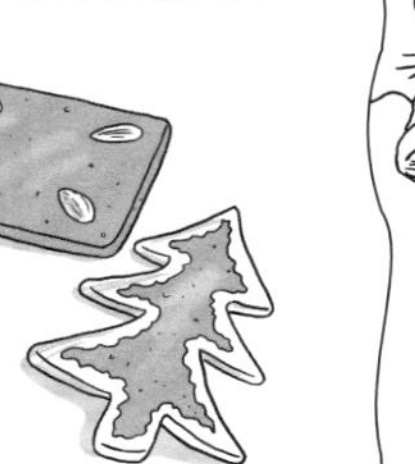

In den Ländern Europas wird auf unterschiedliche Weise Weihnachten gefeiert. In jedem Land gibt es ein anderes traditionelles Essen und einen anderen Geschenkebringer.

Lies die Hinweise und fülle die Tabelle aus.

Finde heraus: In welchem Land gibt es an Weihnachten eingelegten Hering? ______________________

	Land 1	Land 2	Land 3	Land 4	Land 5
Land					
Essen					
Geschenkebringer					

1. Als Nachtisch wird in einem Land in der Mitte gefüllte Panettone gegessen.
2. Links neben der Hexe ist ein Land, in dem die 13 Weihnachtstrolle, die Jólasveinar, den Weihnachtsmann vertreten.
3. Zwischen Portugal und Schweden ist England, in dem Plumpudding an Weihnachten gegessen wird.
4. Es gibt die Länder Italien, Portugal, England, Schweden und Island.
5. In Land 2 bringt die Hexe Befana die Geschenke.
6. In dem Land neben Father Christmas heiβt das Weihnachtsbuffet Julbord.
7. Am Rand liegt Schweden, in dem die Geschenke von dem guten Wichtel Jultomte gebracht werden.
8. In einem Land wird traditionell Stockfisch gegessen, wenn Pai Natal die Geschenke bringt.
9. In einem Land gehört Hering mit Brot zum traditionellen Weihnachtsessen.
10. Neben Portugal ist auch Italien.
11. Zwischen der Hexe Befana und Father Christmas bringt der Weihnachtsmann Pai Natal die Geschenke.

Weihnachtsbräuche in anderen Ländern – Lösungen

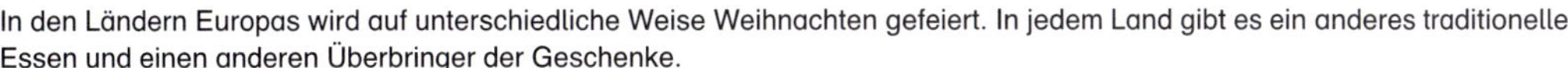

WEIHNACHTSBRÄUCHE IN ANDEREN LÄNDERN

In den Ländern Europas wird auf unterschiedliche Weise Weihnachten gefeiert. In jedem Land gibt es ein anderes traditionelles Essen und einen anderen Überbringer der Geschenke.

Lies die Hinweise und fülle die Tabelle aus.

Finde heraus: In welchem Land gibt es an Weihnachten eingelegten Hering? **Island**

Mögliche Reihenfolge: 5 – 2 – 7 – 8 – 1 – 3 – 4 – 6 – 9

	Land 1	Land 2	Land 3	Land 4
Land	Island	Italien	England	Schweden
Essen	eingelegter Hering mit Brot	gefüllte Panettone	Plumpudding	Julbord
Geschenkebringer	13 Trolle Jólasveinar	Hexe Befana	Father Christmas	Wichtel Jultomte

1. Als Nachtisch wird in einem Land in der Mitte gefüllte Panettone gegessen.
2. Links neben der Hexe ist ein Land, in dem die 13 Weihnachtstrolle, die Jólasveinar, den Weihnachtsmann vertreten.
3. Zwischen Italien und Schweden ist England.
4. Es gibt die Länder Italien, England, Schweden und Island.
5. In Land 2 bringt die Hexe Befana die Geschenke.
6. In dem Land neben Father Christmas heißt das Weihnachtsbuffet Julbord.
7. Am Rand liegt Schweden, in dem die Geschenke von dem guten Wichtel Jultomte gebracht werden.
8. In einem Land wird traditionell Plumpudding gegessen, wenn Father Christmas die Geschenke bringt.
9. In einem Land gehört Hering mit Brot zum traditionellen Weihnachtsessen.

WEIHNACHTSBRÄUCHE IN ANDEREN LÄNDERN

In den Ländern Europas wird auf unterschiedliche Weise Weihnachten gefeiert. In jedem Land gibt es ein anderes traditionelles Essen und einen anderen Geschenkebringer.

Lies die Hinweise und fülle die Tabelle aus.

Finde heraus: In welchem Land gibt es an Weihnachten eingelegten Hering? **Island**

Mögliche Reihenfolge: 5 – 11 – 2 – 7 – 8 – 3 – 6 – 10 – 1 – 4 – 9

	Land 1	Land 2	Land 3	Land 4	Land 5
Land	Island	Italien	Portugal	England	Schweden
Essen	eingelegter Hering mit Brot	gefüllte Panettone	Stockfisch	Plumpudding	Julbord
Geschenkebringer	13 Trolle Jólas-veinar	Hexe Befana	Pai Natal	Father Christmas	Wichtel Jultomte

1. Als Nachtisch wird in einem Land in der Mitte gefüllte Panettone gegessen.
2. Links neben der Hexe ist ein Land, in dem die 13 Weihnachtstrolle, die Jólasveinar, den Weihnachtsmann vertreten.
3. Zwischen Portugal und Schweden ist England, in dem Plumpudding an Weihnachten gegessen wird.
4. Es gibt die Länder Italien, Portugal, England, Schweden und Island.
5. In Land 2 bringt die Hexe Befana die Geschenke.
6. In dem Land neben Father Christmas heißt das Weihnachtsbuffet Julbord.
7. Am Rand liegt Schweden, in dem die Geschenke von dem guten Wichtel Jultomte gebracht werden.
8. In einem Land wird traditionell Stockfisch gegessen, wenn Pai Natal die Geschenke bringt.
9. In einem Land gehört Hering mit Brot zum traditionellen Weihnachtsessen.
10. Neben Portugal ist auch Italien.
11. Zwischen der Hexe Befana und Father Christmas bringt der Weihnachtsmann Pai Natal die Geschenke.

WEIHNACHTSSYMBOLE IN DEN FENSTERN

Die Kinder haben sich am Nachmittag getroffen, um Fensterschmuck aus Tonpapier zu basteln. Jedes Kind hat ein anderes Weihnachtssymbol gebastelt.
Lies die Hinweise und fülle die Tabelle aus.

Finde heraus: Wer hat den Stern gebastelt? ______________________

	Kind 1	Kind 2	Kind 3	Kind 4
Name				
gebasteltes Symbol				
Farbe				

1. Ein Kind hat mit grünem Tonpapier gebastelt.
2. Ruth hat eine Kirche gebastelt.
3. Es gibt diese gebastelten Symbole: Engel, Glocke, Kirche und Stern.
4. Das Kind mit der gebastelten Glocke steht links neben dem Kind mit dem Engel.
5. Das Kind 2 hat einen blauen Engel gebastelt.
6. Neben dem roten Stern ist auch etwas aus gelben Tonpapier.
7. Neben dem Kind, das mit grünem Tonpapier gebastelt hat, steht Linus.
8. Ben hat auch fleißig mitgebastelt.
9. Alma und Ruth stehen am Rand.

WEIHNACHTSSYMBOLE IN DEN FENSTERN

Die Kinder haben sich am Nachmittag getroffen, um Fensterschmuck aus Tonpapier zu basteln. Jedes Kind hat ein anderes Weihnachtssymbol gebastelt.
Lies die Hinweise und fülle die Tabelle aus.

Finde heraus: Wer hat den Stern gebastelt? ______________________

	Kind 1	Kind 2	Kind 3	Kind 4	Kind 5
Name					
gebasteltes Symbol					
Farbe					

1. Ein Kind hat mit grünem Tonpapier gebastelt.
2. Ben hat auch fleißig mitgebastelt.
3. Julia hat eine orangefarbene Kerze gebastelt.
4. Es gibt diese gebastelten Symbole: Kerze, Engel, Glocke, Kirche und Stern.
5. Das Kind mit der gebastelten Glocke steht links neben dem Kind mit dem Engel.
6. Das Kind 2 hat einen blauen Engel gebastelt.
7. Neben dem roten Stern ist auch etwas aus gelben Tonpapier.
8. Das Kind neben Julia hat eine Kirche gebastelt.
9. Neben dem Kind, das mit grünem Tonpapier gebastelt hat, steht Linus.
10. Alma und Julia stehen am Rand.
11. Ruth steht nicht neben Linus.

WEIHNACHTSSYMBOLE IN DEN FENSTERN

Die Kinder haben sich am Nachmittag getroffen, um Fensterschmuck aus Tonpapier zu basteln. Jedes Kind hat ein anderes Weihnachtssymbol gebastelt.
Lies die Hinweise und fülle die Tabelle aus.

Finde heraus: Wer hat den Stern gebastelt? Ben

Mögliche Reihenfolge: 5 – 4 – 9 – 2 – 3 – 6 – 1 – 7 – 8

	Kind 1	Kind 2	Kind 3	Kind 4
Name	Alma	Linus	Ben	Ruth
gebasteltes Symbol	Glocke	Engel	Stern	Kirche
Farbe	Grün	Blau	Rot	Gelb

1. Ein Kind hat mit grünem Tonpapier gebastelt.
2. Ruth hat eine Kirche gebastelt.
3. Es gibt diese gebastelten Symbole: Engel, Glocke, Kirche und Stern.
4. Das Kind mit der gebastelten Glocke steht links neben dem Kind mit dem Engel.
5. Das Kind 2 hat einen blauen Engel gebastelt.
6. Neben dem roten Stern ist auch etwas aus gelben Tonpapier.
7. Neben dem Kind, das mit grünem Tonpapier gebastelt hat, steht Linus.
8. Ben hat auch fleißig mitgebastelt.
9. Alma und Ruth stehen am Rand.

WEIHNACHTSSYMBOLE IN DEN FENSTERN

Die Kinder haben sich am Nachmittag getroffen, um Fensterschmuck aus Tonpapier zu basteln. Jedes Kind hat ein anderes Weihnachtssymbol gebastelt.
Lies die Hinweise und fülle die Tabelle aus.

Finde heraus: Wer hat den Stern gebastelt? Ben

Mögliche Reihenfolge: 6 – 10 – 5 – 8 – 3 – 4 – 7 – 9 – 11 – 1 – 2

	Kind 1	Kind 2	Kind 3	Kind 4	Kind 5
Name	Alma	Linus	Ben	Ruth	Julia
gebasteltes Symbol	Glocke	Engel	Stern	Kirche	Kerze
Farbe	Grün	Blau	Rot	Gelb	Orange

1. Ein Kind hat mit grünem Tonpapier gebastelt.
2. Ben hat auch fleißig mitgebastelt.
3. Julia hat eine orangefarbene Kerze gebastelt.
4. Es gibt diese gebastelten Symbole: Kerze, Engel, Glocke, Kirche und Stern.
5. Das Kind mit der gebastelten Glocke steht links neben dem Kind mit dem Engel.
6. Das Kind 2 hat einen blauen Engel gebastelt.
7. Neben dem roten Stern ist auch etwas aus gelben Tonpapier.
8. Das Kind neben Julia hat eine Kirche gebastelt.
9. Neben dem Kind, das mit grünem Tonpapier gebastelt hat, steht Linus.
10. Alma und Julia stehen am Rand.
11. Ruth steht nicht neben Linus.

EISBÄREN AUF DER EISBAHN

Die Eisbären laufen begeistert Schlittschuh. Sie springen gekonnt in die Höhe und drehen Pirouetten. Jeder Eisbär trägt Schlittschuhe in einer anderen Farbe und einen anderen Schutz gegen die Kälte. Außerdem haben Bruno, Norbert, Björn und Ted auch noch etwas mit aufs Eis gebracht.

Lies die Hinweise und male die Schlittschuhe an.
Male fehlende Gegenstände dazu.

Finde heraus: Welche Farbe haben Norberts Schlittschuhe? ______________________

	Bruno	Norbert	Björn	Ted
Schlittschuhfarbe				
gegen Kälte				
Gegenstand				

1. Björn würde niemals Lila tragen.
2. Die Schlittschuhe haben die Farben Pink, Blau, Grün und Lila.
3. Auf der Eisfläche befinden sich ein Pinguin, ein Eishockeyschläger und zwei Schlitten.
4. Ein Eisbär am linken Rand trägt einen grünen Schal und pinke Schlittschuhe.
5. Ein Eisbär, der seinen Schlitten dabeihat, trägt eine gelbe Mütze.
6. Der Eisbär rechts neben Björn hat blaue Schlittschuhe.
7. Der Eisbär mit dem grünen Schal hat seinen Pinguin dabei.
8. Björn trägt seine pinkfarbenen Ohrenschützer.
9. Am Rand steht ein Eisbär mit seinem Eishockeyschläger und seinen roten Handschuhen.

EISBÄREN AUF DER EISBAHN

Die Eisbären laufen begeistert Schlittschuh. Sie springen gekonnt in die Höhe und drehen Pirouetten. Jeder Eisbär trägt Schlittschuhe in einer anderen Farbe und einen anderen Schutz gegen die Kälte. Außerdem haben Bruno, Norbert, Björn und Ted auch noch etwas mit aufs Eis gebracht.

Lies die Hinweise und male die Schlittschuhe an. Male fehlende Gegenstände dazu.

Finde heraus: Welche Farbe haben Norberts Schlittschuhe? ______________________

	Bruno	Norbert	Björn	Olli	Ted
Schlittschuhfarbe					
gegen Kälte					
Gegenstand					

1. Zum rechten Schlitten gehört der Eisbär mit den grünen Schlittschuhen.
2. Neben Olli steht ein Eisbär mit roten Handschuhen und einem Eishockeyschläger.
3. Auf der Eisfläche befinden sich ein Pinguin, ein Eishockeyschläger, ein Rucksack und zwei Schlitten.
4. Ted würde niemals Lila tragen.
5. Ein Eisbär am linken Rand trägt einen grünen Schal und pinke Schlittschuhe.
6. Ein Eisbär, der seinen Schlitten dabeihat, trägt eine gelbe Mütze.
7. Der Eisbär rechts neben Björn hat rote Schlittschuhe und einen blauen Mantel.
8. Links neben dem Schlitten steht der Eisbär mit seinem Pinguin.
9. Björn trägt seine pinkfarbenen Ohrenschützer.
10. Neben dem Eishockeyschläger ist ein Eisbär mit seinem Rucksack.
11. Die Schlittschuhe haben die Farben Pink, Blau, Rot, Grün und Lila.

Eisbären auf der Eisbahn – Lösungen

EISBÄREN AUF DER EISBAHN

Die Eisbären laufen begeistert Schlittschuh. Sie springen gekonnt in die Höhe und drehen Pirouetten. Jeder Eisbär trägt Schlittschuhe in einer anderen Farbe und einen anderen Schutz gegen die Kälte. Außerdem haben Bruno, Norbert, Björn und Ted auch noch etwas mit aufs Eis gebracht.

Lies die Hinweise und male die Schlittschuhe an.
Male fehlende Gegenstände dazu.

Finde heraus: Welche Farbe haben Norberts Schlittschuhe? **Lila**

Mögliche Reihenfolge: 4 – 6 – 7 – 8 – 9 – 3 – 5 – 2 – 1

	Bruno	**Norbert**	**Björn**	**Ted**
Schlittschuhfarbe	Pink	Lila	Grün	Blau
gegen Kälte	grüner Schal	gelbe Mütze	pinkfarbene Ohrenschützer	rote Handschuhe
Gegenstand	Pinguin	Schlitten	Schlitten	Eishockeyschläger

1. Björn würde niemals Lila tragen.
2. Die Schlittschuhe haben die Farben Pink, Blau, Grün und Lila.
3. Auf der Eisfläche befinden sich ein Pinguin, ein Eishockeyschläger und zwei Schlitten.
4. Ein Eisbär am linken Rand trägt einen grünen Schal und pinke Schlittschuhe.
5. Ein Eisbär, der seinen Schlitten dabeihat, trägt eine gelbe Mütze.
6. Der Eisbär rechts neben Björn hat blaue Schlittschuhe.
7. Der Eisbär mit dem grünen Schal hat seinen Pinguin dabei.
8. Björn trägt seine pinkfarbenen Ohrenschützer.
9. Am Rand steht ein Eisbär mit seinem Eishockeyschläger und seinen roten Handschuhen.

EISBÄREN AUF DER EISBAHN

Die Eisbären laufen begeistert Schlittschuh. Sie springen gekonnt in die Höhe und drehen Pirouetten. Jeder Eisbär trägt Schlittschuhe in einer anderen Farbe und einen anderen Schutz gegen die Kälte. Außerdem haben Bruno, Norbert, Björn und Ted auch noch etwas mit aufs Eis gebracht.

Lies die Hinweise und male die Schlittschuhe an. Male fehlende Gegenstände dazu.

Finde heraus: Welche Farbe haben Norberts Schlittschuhe? **Lila**

Mögliche Reihenfolge: 9 – 7 – 2 – 5 – 10 – 6 – 8 – 3 – 1 – 11 – 4

	Bruno	**Norbert**	**Björn**	**Olli**	**Ted**
Schlittschuhfarbe	Pink	Lila	Grün	Rot	Blau
gegen Kälte	grüner Schal	gelbe Mütze	pinkfarbene Ohrenschützer	blauer Mantel	rote Handschuhe
Gegenstand	Pinguin	Schlitten	Schlitten	Rucksack	Eishockeyschläger

1. Zum rechten Schlitten gehört der Eisbär mit den grünen Schlittschuhen.
2. Neben Olli steht ein Eisbär mit roten Handschuhen und einem Eishockeyschläger.
3. Auf der Eisfläche befinden sich ein Pinguin, ein Eishockeyschläger, ein Rucksack und zwei Schlitten.
4. Ted würde niemals Lila tragen.
5. Ein Eisbär am linken Rand trägt einen grünen Schal und pinke Schlittschuhe.
6. Ein Eisbär, der seinen Schlitten dabeihat, trägt eine gelbe Mütze.
7. Der Eisbär rechts neben Björn hat rote Schlittschuhe und einen blauen Mantel.
8. Links neben dem Schlitten steht der Eisbär mit seinem Pinguin.
9. Björn trägt seine pinkfarbenen Ohrenschützer.
10. Neben dem Eishockeyschläger ist ein Eisbär mit seinem Rucksack.
11. Die Schlittschuhe haben die Farben Pink, Blau, Rot, Grün und Lila.

DIE DREI STERNDEUTER

Die drei Sterndeuter aus dem Morgenland machen sich auf den Weg. Sie folgen dem Stern nach Bethlehem. Die drei Weisen reisen auf ihren Kamelen. Jeder hat ein Geschenk dabei.

Lies die Hinweise und fülle die Tabelle aus.
Schreibe die Namen der Sterndeuter darunter.

Finde heraus: Welche Farbe hat Caspars Kopfbedeckung? ____________________

	Sterndeuter 1	Sterndeuter 2	Sterndeuter 3
Farben Kleidung			
Geschenk			
Farbe Turban			
Name			

1. Neben dem Sterndeuter mit dem blauen Krug steht ein Sterndeuter mit orangefarbenem Turban.
2. Ein Sterndeuter trägt grüne Kleidung.
3. Melchior steht nicht neben dem Sterndeuter mit dem blauen Krug.
4. Balthasar bringt Weihrauch in einem blauen Krug.
5. Neben dem Sterndeuter mit dem roten Turban steht Caspar, der Myrrhe in einer roten Dose bringt.
6. Ein Sterndeuter am Rand trägt einen pinkfarbenen Turban und gelbe Kleidung.
7. Der erste Sterndeuter hat einen roten Turban.
8. Neben dem Sterndeuter mit der gelben Kleidung steht ein Sterndeuter mit blauer Kleidung.
9. Der Sterndeuter mit der grünen Kleidung bringt Gold in einer gelben Truhe.

DIE DREI STERNDEUTER

Die drei Sterndeuter aus dem Morgenland machen sich auf den Weg. Sie folgen dem Stern nach Bethlehem. Die drei Weisen reisen auf ihren Kamelen. Jeder hat ein Geschenk dabei.

Lies die Hinweise und fülle die Tabelle aus.
Schreibe die Namen der Sterndeuter darunter.

Finde heraus: Welche Farbe hat Caspars Kopfbedeckung? ____________________

	Sterndeuter 1	Sterndeuter 2	Sterndeuter 3
Farben Kleidung			
Geschenk			
Farbe Turban			
Farbe Kamel			
Name			

1. Caspar reitet auf einem braunen Kamel.
2. Ein Sterndeuter trägt grüne Kleidung.
3. Melchior steht nicht neben dem Sterndeuter mit dem blauen Krug.
4. Balthasar reitet auf seinem beigefarbenen Kamel und bringt Weihrauch in einem blauen Krug.
5. Neben dem Sterndeuter mit dem roten Turban steht Caspar, der Myrrhe in einer roten Dose bringt.
6. Ein Sterndeuter am Rand trägt einen pinkfarbenen Turban und gelbe Kleidung.
7. Der erste Sterndeuter hat einen roten Turban.
8. Neben dem Sterndeuter mit der gelben Kleidung steht ein Sterndeuter mit blauer Kleidung.
9. Der Sterndeuter mit der grünen Kleidung bringt Gold in einer gelben Truhe.
10. Neben dem Sterndeuter mit dem blauen Krug steht ein Sterndeuter mit orangefarbenem Turban.
11. Ein Kamel ist schwarz.

DIE DREI STERNDEUTER

Die drei Sterndeuter aus dem Morgenland machen sich auf den Weg. Sie folgen dem Stern nach Bethlehem. Die drei Weisen reisen auf ihren Kamelen. Jeder hat ein Geschenk dabei.

Lies die Hinweise und fülle die Tabelle aus.
Schreibe die Namen der Sterndeuter darunter.

Finde heraus: Welche Farbe hat Caspars Kopfbedeckung? **Orange**

Mögliche Reihenfolge: 7 – 5 – 6 – 8 – 2 – 9 – 4 – 1 – 3

	Sterndeuter 1	Sterndeuter 2	Sterndeuter 3
Farben Kleidung	Grün	Blau	Gelb
Geschenk	gelbe Truhe mit Gold	rote Dose mit Myrrhe	blauer Krug mit Weihrauch
Farbe Turban	Rot	Orange	Pink
Name	Melchior	Caspar	Balthasar

1. Neben dem Sterndeuter mit dem blauen Krug steht ein Sterndeuter mit orangefarbenem Turban.
2. Ein Sterndeuter trägt grüne Kleidung.
3. Melchior steht nicht neben dem Sterndeuter mit dem blauen Krug.
4. Balthasar bringt Weihrauch in einem blauen Krug.
5. Neben dem Sterndeuter mit dem roten Turban steht Caspar, der Myrrhe in einer roten Dose bringt.
6. Ein Sterndeuter am Rand trägt einen pinkfarbenen Turban und gelbe Kleidung.
7. Der erste Sterndeuter hat einen roten Turban.
8. Neben dem Sterndeuter mit der gelben Kleidung steht ein Sterndeuter mit blauer Kleidung.
9. Der Sterndeuter mit der grünen Kleidung bringt Gold in einer gelben Truhe.

DIE DREI STERNDEUTER

Die drei Sterndeuter aus dem Morgenland machen sich auf den Weg. Sie folgen dem Stern nach Bethlehem. Die drei Weisen reisen auf ihren Kamelen. Jeder hat ein Geschenk dabei.

Lies die Hinweise und fülle die Tabelle aus.
Schreibe die Namen der Sterndeuter darunter.

Finde heraus: Welche Farbe hat Caspars Kopfbedeckung? **Orange**

Mögliche Reihenfolge: 7 – 5 – 6 – 8 – 1 – 2 – 4 – 9 – 10 – 3 – 11

	Sterndeuter 1	Sterndeuter 2	Sterndeuter 3
Farben Kleidung	Grün	Blau	Gelb
Geschenk	gelbe Truhe mit Gold	rote Dose mit Myrrhe	blauer Krug mit Weihrauch
Farbe Turban	Rot	Orange	Pink
Farbe Kamel	Schwarz	Braun	Beige
Name	Melchior	Caspar	Balthasar

1. Caspar reitet auf einem braunen Kamel.
2. Ein Sterndeuter trägt grüne Kleidung.
3. Melchior steht nicht neben dem Sterndeuter mit dem blauen Krug.
4. Balthasar reitet auf seinem beigefarbenen Kamel und bringt Weihrauch in einem blauen Krug.
5. Neben dem Sterndeuter mit dem roten Turban steht Caspar, der Myrrhe in einer roten Dose bringt.
6. Ein Sterndeuter am Rand trägt einen pinkfarbenen Turban und gelbe Kleidung.
7. Der erste Sterndeuter hat einen roten Turban.
8. Neben dem Sterndeuter mit der gelben Kleidung steht ein Sterndeuter mit blauer Kleidung.
9. Der Sterndeuter mit der grünen Kleidung bringt Gold in einer gelben Truhe.
10. Neben dem Sterndeuter mit dem blauen Krug steht ein Sterndeuter mit orangefarbenem Turban.
11. Ein Kamel ist schwarz.

DIEB AUF DEM WEIHNACHTSMARKT

Auf dem Weihnachtsmarkt ist Hektik ausgebrochen. Frau Lieselotte wurde an ihrem Bratapfelstand bestohlen: Die Geldkassette ist weg. Es ging alles so schnell, dass Frau Lieselotte den Dieb nicht gesehen hat. Sie kann sich nur noch an etwas Orangefarbenes erinnern. Nahe am Stand wird auf dem Boden ein orangefarbener Wollfaden gefunden …

Lies die Hinweise und fülle die Tabelle aus.

Finde heraus: Wer hat die Geldkasse gestohlen? ____________________

	Verdächtiger 1	Verdächtiger 2	Verdächtiger 3	Verdächtiger 4
Kleidung aus Wolle				
Wollfarbe				
Name				

1. Ein Verdächtiger trägt orangefarbene Wolle.
2. Othello Hehler steht zwischen zwei Verdächtigen mit Wollpullovern.
3. Der Pullover am Rand ist grau.
4. Die einzige verdächtige Frau heißt Cruella Räuber und trägt einen Wollschal.
5. Ein Verdächtiger mit einem Wollpullover heißt Aurelius Gauner.
6. Die grüne Wolle kommt von einem Schal.
7. Ein Verdächtiger trägt eine rote Wollmütze.
8. Kaspar Langfinger steht mit seinem Pullover am Rand.
9. Der Verdächtige 2 heißt Othello Hehler.

DIEB AUF DEM WEIHNACHTSMARKT

Auf dem Weihnachtsmarkt ist Hektik ausgebrochen. Frau Lieselotte wurde an ihrem Bratapfelstand bestohlen: Die Geldkassette ist weg. Es ging alles so schnell, dass Frau Lieselotte den Dieb nicht gesehen hat. Sie kann sich nur noch an etwas Orangefarbenes erinnern. Nahe am Stand wird auf dem Boden ein orangefarbener Wollfaden gefunden …

Lies die Hinweise und fülle die Tabelle aus.

Finde heraus: Wer hat die Geldkasse gestohlen? ______________________

	Verdächtiger 1	**Verdächtiger 2**	**Verdächtiger 3**	**Verdächtiger 4**	**Verdächtiger 5**
Kleidung aus Wolle					
Wollfarbe					
Name					

1. Ein Verdächtiger trägt eine Wollmütze.
2. Othello Hehler steht zwischen zwei Verdächtigen mit Wollpullovern.
3. Der Pullover am Rand ist grau.
4. Ein Verdächtiger trägt orangefarbene Wolle.
5. Die einzige verdächtige Frau heißt Cruella Räuber und steht am Rand.
6. Ein Verdächtiger mit einem Wollpullover heißt Aurelius Gauner.
7. Roderick Plünder trägt bei der Vernehmung noch seine pinken Wollhandschuhe.
8. Cruellas Wollschal ist grün.
9. Kaspar Langfinger steht mit seinem Pullover am Rand.
10. Der Verdächtige 2 heißt Othello Hehler.
11. Die Wolle der Mütze ist rot.

Dieb auf dem Weihnachtsmarkt – Lösungen

DIEB AUF DEM WEIHNACHTSMARKT

Auf dem Weihnachtsmarkt ist Hektik ausgebrochen. Frau Lieselotte wurde an ihrem Bratapfelstand bestohlen: Die Geldkassette ist weg. Es ging alles so schnell, dass Frau Lieselotte den Dieb nicht gesehen hat. Sie kann sich nur noch an etwas Orangefarbenes erinnern. Nahe am Stand wird auf dem Boden ein orangefarbener Wollfaden gefunden …

Lies die Hinweise und fülle die Tabelle aus.

Finde heraus: Wer hat die Geldkasse gestohlen? **Aurelius Gauner**

Mögliche Reihenfolge: 9 – 2 – 5 – 8 – 3 – 4 – 7 – 6 – 1

	Verdächtiger 1	Verdächtiger 2	Verdächtiger 3	Verdächtiger 4
Kleidung aus Wolle	Pullover	Mütze	Pullover	Schal
Wollfarbe	Grau	Rot	Orange	Grün
Name	Kaspar Langfinger	Othello Hehler	Aurelius Gauner	Cruella Räuber

1. Ein Verdächtiger trägt orangefarbene Wolle.
2. Othello Hehler steht zwischen zwei Verdächtigen mit Wollpullovern.
3. Der Pullover am Rand ist grau.
4. Die einzige verdächtige Frau heißt Cruella Räuber und trägt einen Wollschal.
5. Ein Verdächtiger mit einem Wollpullover heißt Aurelius Gauner.
6. Die grüne Wolle kommt von einem Schal.
7. Ein Verdächtiger trägt eine rote Wollmütze.
8. Kaspar Langfinger steht mit seinem Pullover am Rand.
9. Der Verdächtige 2 heißt Othello Hehler.

DIEB AUF DEM WEIHNACHTSMARKT

Auf dem Weihnachtsmarkt ist Hektik ausgebrochen. Frau Lieselotte wurde an ihrem Bratapfelstand bestohlen: Die Geldkassette ist weg. Es ging alles so schnell, dass Frau Lieselotte den Dieb nicht gesehen hat. Sie kann sich nur noch an etwas Orangefarbenes erinnern. Nahe am Stand wird auf dem Boden ein orangefarbener Wollfaden gefunden …

Lies die Hinweise und fülle die Tabelle aus.

Finde heraus: Wer hat die Geldkasse gestohlen? **Aurelius Gauner**

Mögliche Reihenfolge: 10 – 2 – 3 – 9 – 5 – 6 – 7 – 8 – 1 – 11 – 4

	Verdächtiger 1	Verdächtiger 2	Verdächtiger 3	Verdächtiger 4	Verdächtiger 5
Kleidung aus Wolle	Pullover	Mütze	Pullover	Handschuhe	Schal
Wollfarbe	Grau	Rot	Orange	Pink	Grün
Name	Kaspar Langfinger	Othello Hehler	Aurelius Gauner	Roderick Plünder	Cruella Räuber

1. Ein Verdächtiger trägt eine Wollmütze.
2. Othello Hehler steht zwischen zwei Verdächtigen mit Wollpullovern.
3. Der Pullover am Rand ist grau.
4. Ein Verdächtiger trägt orangefarbene Wolle.
5. Die einzige verdächtige Frau heißt Cruella Räuber und steht am Rand.
6. Ein Verdächtiger mit einem Wollpullover heißt Aurelius Gauner.
7. Roderick Plünder trägt bei der Vernehmung noch seine pinken Wollhandschuhe.
8. Cruellas Wollschal ist grün.
9. Kaspar Langfinger steht mit seinem Pullover am Rand.
10. Der Verdächtige 2 heißt Othello Hehler.
11. Die Wolle der Mütze ist rot.

BUNTE CHRISTBAUMKUGELN

Die Kinder wollen gemeinsam das Fenster mit einer Kette aus Christbaumkugeln schmücken. Jedes Kind bringt eine Christbaumkugel mit.

Lies die Hinweise.
Male die Kugeln richtig an und schreibe die Namen der Besitzer darunter.

Finde heraus: Welche Kugel gehört Lea? ____________________

	Kugel 1	Kugel 2	Kugel 3	Kugel 4
Aussehen				
Kind				

1. Die Kugel mit dem Weihnachtsmann steht am Rand.
2. Pias Kugel ist nicht neben Kalles Kugel.
3. Links von der Kugel mit dem Weihnachtsmann ist die rote Kugel mit den grünen Punkten.
4. Die blau-pink gestreifte Kugel ist ganz links.
5. Pia hat eine Kugel mit einem Schneemann darauf.
6. Die Kugel mit dem Schneemann liegt rechts von der blau-pink gestreiften.
7. Edith gehört eine Kugel am Rand.
8. Lea gehört eine Kugel in der Mitte.
9. Alle Kugeln haben goldfarbene Aufhänger.

BUNTE CHRISTBAUMKUGELN

Die Kinder wollen gemeinsam das Fenster mit einer Kette aus Christbaumkugeln schmücken. Jedes Kind bringt eine Christbaumkugel mit.

Lies die Hinweise.
Male die Kugeln richtig an und schreibe die Namen der Besitzer darunter.

Finde heraus: Welche Kugel gehört Lea? ______________________

	Kugel 1	Kugel 2	Kugel 3	Kugel 4	Kugel 5
Aussehen					
Kind					

1. Zwei Kugeln sind rot.
2. Eine Kugel ist blau-pink gestreift.
3. Kalle hat eine Kugel mit einem Weihnachtsmann darauf.
4. Die beiden roten Kugeln haben grüne Punkte.
5. Rechts von der Kugel mit dem Weihnachtsmann ist die blau-pink gestreifte Kugel.
6. Die blau-pink gestreifte Kugel ist ganz rechts.
7. Pia hat eine Kugel mit einem Schneemann darauf.
8. Die Kugel mit dem Schneemann liegt zwischen den beiden roten Kugeln.
9. Lea gehört eine der roten Kugeln.
10. Edith gehört die Kugel, die ganz rechts ist.
11. Theo gehört die Kugel links von der Schneemannkugel.

BUNTE CHRISTBAUMKUGELN

Die Kinder wollen gemeinsam das Fenster mit einer Kette aus Christbaumkugeln schmücken. Jedes Kind bringt eine Christbaumkugel mit.

Lies die Hinweise.
Male die Kugeln richtig an und schreibe die Namen der Besitzer darunter.

Finde heraus: Welche Kugel gehört Lea? **Kugel 3**

Mögliche Reihenfolge: 4 – 6 – 9 – 1 – 3 – 5 – 8 – 2 – 7

	Kugel 1	Kugel 2	Kugel 3	Kugel 4
Aussehen	blau-pink gestreift	Schneemann	rote Kugel mit grünen Punkten	Weihnachtsmann
Kind	Edith	Pia	Lea	Kalle

1. Die Kugel mit dem Weihnachtsmann steht am Rand.
2. Pias Kugel ist nicht neben Kalles Kugel.
3. Links von der Kugel mit dem Weihnachtsmann ist die rote Kugel mit den grünen Punkten.
4. Die blau-pink gestreifte Kugel ist ganz links.
5. Pia hat eine Kugel mit einem Schneemann darauf.
6. Die Kugel mit dem Schneemann liegt rechts von der blau-pink gestreiften.
7. Edith gehört eine Kugel am Rand.
8. Lea gehört eine Kugel in der Mitte.
9. Alle Kugeln haben goldfarbene Aufhänger.

BUNTE CHRISTBAUMKUGELN

Die Kinder wollen gemeinsam das Fenster mit einer Kette aus Christbaumkugeln schmücken. Jedes Kind bringt eine Christbaumkugel mit.

Lies die Hinweise.
Male die Kugeln richtig an und schreibe die Namen der Besitzer darunter.

Finde heraus: Welche Kugel gehört Lea? **Kugel 3**

Mögliche Reihenfolge: 6 – 2 – 5 – 3 – 8 – 1 – 4 – 7 – 10 – 11 – 9

	Kugel 1	Kugel 2	Kugel 3	Kugel 4	Kugel 5
Aussehen	rote Kugel mit grünen Punkten	Schneemann	rote Kugel mit grünen Punkten	Weihnachtsmann	blau-pink gestreift
Kind	Theo	Pia	Lea	Kalle	Edith

1. Zwei Kugeln sind rot.
2. Eine Kugel ist blau-pink gestreift.
3. Kalle hat eine Kugel mit einem Weihnachtsmann darauf.
4. Die beiden roten Kugeln haben grüne Punkte.
5. Rechts von der Kugel mit dem Weihnachtsmann ist die blau-pink gestreifte Kugel.
6. Die blau-pink gestreifte Kugel ist ganz rechts.
7. Pia hat eine Kugel mit einem Schneemann darauf.
8. Die Kugel mit dem Schneemann liegt zwischen den beiden roten Kugeln.
9. Lea gehört eine der roten Kugeln.
10. Edith gehört die Kugel, die ganz rechts ist.
11. Theo gehört die Kugel links von der Schneemannkugel.

LECKERES WEIHNACHTSESSEN

Die Feiertage um den 24. Dezember herum werden auf unterschiedlichste Art und Weise gefeiert. Auch die Vorstellungen von einem gelungenen Weihnachtsmenü unterscheiden sich.

Lies die Hinweise und fülle die Tabelle aus.

Finde heraus: Welchen Hauptgang gibt es bei Anton zu Weihnachten? ______________________

	Anton	Alena	Emil	Bruno
Wo?				
Hauptgang				
Nachtisch				

1. Zwei Kinder essen zum Nachtisch Schokoladenmousse mit Bratapfel.
2. Bei Tante Edith gibt es einen Hirschbraten mit Knödeln.
3. Zwei Kinder essen Kartoffelsalat und Würstchen am Weihnachtsabend.
4. Das Restaurant bietet seinen Gästen Gans mit Rotkohl an.
5. Emil verbringt den Weihnachtsabend bei seiner Oma.
6. Ein Kind ist am Weihnachtsabend zu Hause.
7. Links neben Emil ist ein Kind, dass den Abend bei Tante Edith verbringt.
8. Ein Kind, das am Rand steht, isst zum Nachtisch Spekulatiuscreme mit Himbeeren.
9. Bruno bekommt im Restaurant zum Nachtisch Zimteis mit heißen Pflaumen.

LECKERES WEIHNACHTSESSEN

Die Feiertage um den 24. Dezember herum werden auf unterschiedlichste Art und Weise gefeiert. Auch die Vorstellungen von einem gelungenen Weihnachtsmenü unterscheiden sich.

Lies die Hinweise und fülle die Tabelle aus.

Finde heraus: Welchen Hauptgang gibt es bei Anton zu Weihnachten? ______________________

	Anton	**Alena**	**Emil**	**Bruno**	**Nora**
Wo?					
Hauptgang					
Nachtisch					

1. Zwei Kinder essen zum Nachtisch Schokoladenmousse mit Bratapfel.
2. Bei Tante Edith gibt es einen Hirschbraten mit Knödeln.
3. Ein Kind, das Schokoladenmousse mit Bratapfel zum Nachtisch bekommt, isst Fisch mit Kartoffeln als Hauptgang.
4. Das Restaurant bietet seinen Gästen Gans mit Rotkohl an.
5. Emil verbringt den Weihnachtsabend bei seiner Oma.
6. Neben dem Kind mit der Gans steht ein Kind, das über Weihnachten im Skiurlaub ist.
7. Links neben Emil ist ein Kind, dass den Abend bei Tante Edith verbringt.
8. Die Kinder, die am Rand stehen, essen zum Nachtisch Spekulatiuscreme mit Himbeeren.
9. Bruno bekommt im Restaurant zum Nachtisch Zimteis mit heißen Pflaumen.
10. Das Kind im Skiurlaub isst Raclette zum Hauptgang.
11. Ein Kind feiert zu Hause und isst Kartoffelsalat und Würstchen.

Leckeres Weihnachtsessen – Lösungen

LECKERES WEIHNACHTSESSEN

Die Feiertage um den 24. Dezember herum werden auf unterschiedlichste Art und Weise gefeiert. Auch die Vorstellungen von einem gelungenen Weihnachtsmenü unterscheiden sich.

Lies die Hinweise und fülle die Tabelle aus.

Finde heraus: Welchen Hauptgang gibt es bei Anton zu Weihnachten? **Kartoffelsalat und Würstchen**

Mögliche Reihenfolge: 5 – 7 – 9 – 2 – 4 – 6 – 8 – 1 – 3

	Anton	Alena	Emil	Bruno
Wo?	zu Hause	bei Tante Edith	bei Oma	im Restaurant
Hauptgang	Kartoffelsalat und Würstchen	Hirschbraten mit Knödeln	Kartoffelsalat und Würstchen	Gans mit Rotkohl
Nachtisch	Spekulatiuscreme mit Himbeeren	Schokoladenmousse mit Bratapfel	Schokoladenmousse mit Bratapfel	Zimteis mit heißen Pflaumen

1. Zwei Kinder essen zum Nachtisch Schokoladenmousse mit Bratapfel.
2. Bei Tante Edith gibt es einen Hirschbraten mit Knödeln.
3. Zwei Kinder essen Kartoffelsalat und Würstchen am Weihnachtsabend.
4. Das Restaurant bietet seinen Gästen Gans mit Rotkohl an.
5. Emil verbringt den Weihnachtsabend bei seiner Oma.
6. Ein Kind ist am Weihnachtsabend zu Hause.
7. Links neben Emil ist ein Kind, dass den Abend bei Tante Edith verbringt.
8. Ein Kind, das am Rand steht, isst zum Nachtisch Spekulatiuscreme mit Himbeeren.
9. Bruno bekommt im Restaurant zum Nachtisch Zimteis mit heißen Pflaumen.

LECKERES WEIHNACHTSESSEN

Die Feiertage um den 24. Dezember herum werden auf unterschiedlichste Art und Weise gefeiert. Auch die Vorstellungen von einem gelungenen Weihnachtsmenü unterscheiden sich.

Lies die Hinweise und fülle die Tabelle aus.

Finde heraus: Welchen Hauptgang gibt es bei Anton zu Weihnachten? **Kartoffelsalat und Würstchen**

Mögliche Reihenfolge: 5 – 7 – 8 – 9 – 1 – 2 – 3 – 4 – 6 – 10 – 11

	Anton	Alena	Emil	Bruno	Nora
Wo?	zu Hause	bei Tante Edith	bei Oma	im Restaurant	im Skiurlaub
Hauptgang	Kartoffelsalat und Würstchen	Hirschbraten mit Knödeln	Fisch mit Kartoffeln	Gans mit Rotkohl	Raclette
Nachtisch	Spekulatiuscreme mit Himbeeren	Schokoladenmousse mit Bratapfel	Schokoladenmousse mit Bratapfel	Zimteis mit heißen Pflaumen	Spekulatiuscreme mit Himbeeren

1. Zwei Kinder essen zum Nachtisch Schokoladenmousse mit Bratapfel.
2. Bei Tante Edith gibt es einen Hirschbraten mit Knödeln.
3. Ein Kind, das Schokoladenmousse mit Bratapfel zum Nachtisch bekommt, isst Fisch mit Kartoffeln als Hauptgang.
4. Das Restaurant bietet seinen Gästen Gans mit Rotkohl an.
5. Emil verbringt den Weihnachtsabend bei seiner Oma.
6. Neben dem Kind mit der Gans steht ein Kind, das über Weihnachten im Skiurlaub ist.
7. Links neben Emil ist ein Kind, dass den Abend bei Tante Edith verbringt.
8. Die Kinder, die am Rand stehen, essen zum Nachtisch Spekulatiuscreme mit Himbeeren.
9. Bruno bekommt im Restaurant zum Nachtisch Zimteis mit heißen Pflaumen.
10. Das Kind im Skiurlaub isst Raclette zum Hauptgang.
11. Ein Kind feiert zu Hause und isst Kartoffelsalat und Würstchen.

GLANZVOLLE TANNENBÄUME

Weihnachten rückt immer näher und die Familien haben bereits Tannenbäume und Lichterketten gekauft. Jede Familie hat sich für eine andere Baumart und eine andere Farbe bei den Lichtern entschieden.

Lies die Hinweise und fülle die Tabelle aus.

Finde heraus: Welche Familie hat die Nordmanntanne gekauft? ______________________

	Familie 1	**Familie 2**	**Familie 3**	**Familie 4**
Familie				
Lichterkettenfarbe				
Baumart				

1. Die Nordmanntanne steht neben einer Kiefer mit gelben Lichtern.
2. Familie Dorn ist besonders stolz auf ihren Baum.
3. Die Blaufichte steht im Wohnzimmer von Familie Heide.
4. Familie Jansen hat eine rote Lichterkette gekauft.
5. Die pinkfarbene Lichterkette hängt an einer Blaufichte.
6. In der Mitte steht ein Baum mit pinkfarbenen Lichtern.
7. Es gibt diese Bäume: Douglasie, Blaufichte, Kiefer und Nordmanntanne.
8. Familie 3 hat eine blaue Lichterkette für ihre Nordmanntanne gekauft.
9. Die Kiefer von Familie Baumann steht am Rand.

GLANZVOLLE TANNENBÄUME

Weihnachten rückt immer näher und die Familien haben bereits Tannenbäume und Lichterketten gekauft. Jede Familie hat sich für eine andere Baumart und eine andere Farbe bei den Lichtern entschieden.

Lies die Hinweise und fülle die Tabelle aus.

Finde heraus: Welche Familie hat die Nordmanntanne gekauft? ______________________

	Familie 1	**Familie 2**	**Familie 3**	**Familie 4**	**Familie 5**
Familie					
Lichterkettenfarbe					
Baumart					

1. Die Nordmanntanne steht links neben einer Edeltanne mit orangefarbenen Lichtern.
2. Die Familie Heide wollte kein Geld für teurere Bäume, wie die Edeltanne und die Nordmanntanne, ausgeben.
3. Familie Dorn ist besonders stolz auf ihren Baum.
4. Die Kiefer von Frau Baumann ist mit gelben Lichtern geschmückt.
5. Neben Familie Baumann steht der Baum von Familie Friese.
6. Die pinkfarbene Lichterkette hängt an einer Blaufichte.
7. In der Mitte steht ein Baum mit pinkfarbenen Lichtern.
8. Es gibt diese Bäume: Douglasie, Edeltanne, Blaufichte, Kiefer und Nordmanntanne.
9. Familie 3 hat eine blaue Lichterkette für ihre Nordmanntanne gekauft.
10. Neben der Blaufichte steht die Douglasie von Familie Jansen.
11. Es gibt diese Lichterkettenfarben: Pink, Orange, Gelb, Blau und Rot.

GLANZVOLLE TANNENBÄUME

Weihnachten rückt immer näher und die Familien haben bereits Tannenbäume und Lichterketten gekauft. Jede Familie hat sich für eine andere Baumart und eine andere Farbe bei den Lichtern entschieden.

Lies die Hinweise und fülle die Tabelle aus.

Finde heraus: Welche Familie hat die Nordmanntanne gekauft? **Dorn**

Mögliche Reihenfolge: 8 – 6 – 1 – 5 – 9 – 7 – 3 – 4 – 2

	Familie 1	Familie 2	Familie 3	Familie 4
Familie	Jansen	Heide	Dorn	Baumann
Lichterkettenfarbe	Rot	Pink	Blau	Gelb
Baumart	Douglasie	Blaufichte	Nordmanntanne	Kiefer

1. Die Nordmanntanne steht neben einer Kiefer mit gelben Lichtern.
2. Familie Dorn ist besonders stolz auf ihren Baum.
3. Die Blaufichte steht im Wohnzimmer von Familie Heide.
4. Familie Jansen hat eine rote Lichterkette gekauft.
5. Die pinkfarbene Lichterkette hängt an einer Blaufichte.
6. In der Mitte steht ein Baum mit pinkfarbenen Lichtern.
7. Es gibt diese Bäume: Douglasie, Blaufichte, Kiefer und Nordmanntanne.
8. Familie 3 hat eine blaue Lichterkette für ihre Nordmanntanne gekauft.
9. Die Kiefer von Familie Baumann steht am Rand.

GLANZVOLLE TANNENBÄUME

Weihnachten rückt immer näher und die Familien haben bereits Tannenbäume und Lichterketten gekauft. Jede Familie hat sich für eine andere Baumart und eine andere Farbe bei den Lichtern entschieden.

Lies die Hinweise und fülle die Tabelle aus.

Finde heraus: Welche Familie hat die Nordmanntanne gekauft? **Dorn**

Mögliche Reihenfolge: 9 – 1 – 7 – 6 – 10 – 8 – 4 – 5 – 2 – 11 – 3

	Familie 1	Familie 2	Familie 3	Familie 4	Familie 5
Familie	Jansen	Heide	Dorn	Friese	Baumann
Lichterkettenfarbe	Rot	Pink	Blau	Orange	Gelb
Baumart	Douglasie	Blaufichte	Nordmanntanne	Edeltanne	Kiefer

1. Die Nordmanntanne steht links neben einer Edeltanne mit orangefarbenen Lichtern.
2. Die Familie Heide wollte kein Geld für teurere Bäume, wie die Edeltanne und die Nordmanntanne, ausgeben.
3. Familie Dorn ist besonders stolz auf ihren Baum.
4. Die Kiefer von Frau Baumann ist mit gelben Lichtern geschmückt.
5. Neben Familie Baumann steht der Baum von Familie Friese.
6. Die pinkfarbene Lichterkette hängt an einer Blaufichte.
7. In der Mitte steht ein Baum mit pinkfarbenen Lichtern.
8. Es gibt diese Bäume: Douglasie, Edeltanne, Blaufichte, Kiefer und Nordmanntanne.
9. Familie 3 hat eine blaue Lichterkette für ihre Nordmanntanne gekauft.
10. Neben der Blaufichte steht die Douglasie von Familie Jansen.
11. Es gibt diese Lichterkettenfarben: Pink, Orange, Gelb, Blau und Rot.

SINGEN UND MUSIZIEREN

Familie Allegro singt am Weihnachtsabend gern gemeinsam. Jedes Familienmitglied hat dafür ein Lied mitgebracht und begleitet es auf einem Instrument.

Lies die Hinweise und fülle die Tabelle aus.

Finde heraus: Mit welchem Instrument wird das Lied „Morgen kommt der Weihnachtsmann“ begleitet? ______________________

	Familienmitglied 1	Familienmitglied 2	Familienmitglied 3	Familienmitglied 4
Name				
Lied				
Instrument				

1. Opa Fritz steht nicht neben dem Familienmitglied, das Klavier spielt.
2. Es gibt die Instrumente Violine, Gitarre, Klavier und Blockflöte.
3. Luise steht mit ihrer Gitarre am Rand.
4. Papa Theo begleitet das Lied „Stille Nacht, heilige Nacht“ mit der Violine.
5. Das Lied „O Tannenbaum“ gehört nicht zu einer Person am Rand.
6. Das Familienmitglied 3 spielt am Klavier.
7. Zwischen Opa Fritz und Mama Edith steht Papa Theo.
8. Ein Familienmitglied hat das Lied „Morgen kommt der Weihnachtsmann“ dabei.
9. Die Gitarre begleitet das Lied „Leise rieselt der Schnee“.

SINGEN UND MUSIZIEREN

Familie Allegro singt am Weihnachtsabend gerne gemeinsam. Jedes Familienmitglied hat dafür ein Lied mitgebracht und begleitet es auf einem Instrument.

Lies die Hinweise und fülle die Tabelle aus.

Finde heraus: Mit welchem Instrument wird das Lied „Morgen kommt der Weihnachtsmann“ begleitet? ______________________

	Familienmitglied 1	Familienmitglied 2	Familienmitglied 3	Familienmitglied 4	Familienmitgleid 5
Name					
Lied					
Instrument					

1. Opa Fritz steht nicht neben dem Familienmitglied, das Klavier spielt.
2. Es gibt die Instrumente Violine, Gitarre, Schellenring, Klavier und Blockflöte.
3. Luise hat ihre Gitarre mitgebracht.
4. Das Lied „O Tannenbaum“ gehört nicht zu einer Person am Rand.
5. Papa Theo begleitet das Lied „Stille Nacht, heilige Nacht“ mit der Violine.
6. Das Familienmitglied 3 spielt am Klavier.
7. Zwischen Opa Fritz und Mama Edith steht Papa Theo.
8. Mit dem Schellenring wird das Lied „Kling, Glöckchen, kling“ begleitet.
9. Die Gitarre begleitet das Lied „Leise rieselt der Schnee“.
10. Ein Familienmitglied hat das Lied „Morgen kommt der Weihnachtsmann“ dabei.
11. Am rechten Rand steht Paul mit seinem Schellenring.

Singen und musizieren – Lösungen

SINGEN UND MUSIZIEREN

Familie Allegro singt am Weihnachtsabend gern gemeinsam. Jedes Familienmitglied hat dafür ein Lied mitgebracht und begleitet es auf einem Instrument.

Lies die Hinweise und fülle die Tabelle aus.

Finde heraus: Mit welchem Instrument wird das Lied „Morgen kommt der Weihnachtsmann" begleitet? **Blockflöte**

Mögliche Reihenfolge: 6 – 1 – 3 – 7 – 4 – 5 – 2 – 9 – 8

	Familienmitglied 1	Familienmitglied 2	Familienmitglied 3	Familienmitglied 4
Name	Opa Fritz	Papa Theo	Mama Edith	Luise
Lied	Morgen kommt der Weihnachtsmann	Stille Nacht, heilige Nacht	O Tannenbaum	Leise rieselt der Schnee
Instrument	Blockflöte	Violine	Klavier	Gitarre

1. Opa Fritz steht nicht neben dem Familienmitglied, das Klavier spielt.
2. Es gibt die Instrumente Violine, Gitarre, Klavier und Blockflöte.
3. Luise steht mit ihrer Gitarre am Rand.
4. Papa Theo begleitet das Lied „Stille Nacht, heilige Nacht" mit der Violine.
5. Das Lied „O Tannenbaum" gehört nicht zu einer Person am Rand.
6. Das Familienmitglied 3 spielt am Klavier.
7. Zwischen Opa Fritz und Mama Edith steht Papa Theo.
8. Ein Familienmitglied hat das Lied „Morgen kommt der Weihnachtsmann" dabei.
9. Die Gitarre begleitet das Lied „Leise rieselt der Schnee".

SINGEN UND MUSIZIEREN

Familie Allegro singt am Weihnachtsabend gerne gemeinsam. Jedes Familienmitglied hat dafür ein Lied mitgebracht und begleitet es auf einem Instrument.

Lies die Hinweise und fülle die Tabelle aus.

Finde heraus: Mit welchem Instrument wird das Lied „Morgen kommt der Weihnachtsmann" begleitet? **Blockflöte**

Mögliche Reihenfolge: 6 – 11 – 1 – 7 – 3 – 5 – 2 – 8 – 9 – 4 – 10

	Familienmitglied 1	Familienmitglied 2	Familienmitglied 3	Familienmitglied 4	Familienmitgleid 5
Name	Opa Fritz	Papa Theo	Mama Edith	Luise	Paul
Lied	Morgen kommt der Weihnachtsmann	Stille Nacht, heilige Nacht	O Tannenbaum	Leise rieselt der Schnee	Kling, Glöckchen, kling
Instrument	Blockflöte	Violine	Klavier	Gitarre	Schellenring

1. Opa Fritz steht nicht neben dem Familienmitglied, das Klavier spielt.
2. Es gibt die Instrumente Violine, Gitarre, Schellenring, Klavier und Blockflöte.
3. Luise hat ihre Gitarre mitgebracht.
4. Das Lied „O Tannenbaum" gehört nicht zu einer Person am Rand.
5. Papa Theo begleitet das Lied „Stille Nacht, heilige Nacht" mit der Violine.
6. Das Familienmitglied 3 spielt am Klavier.
7. Zwischen Opa Fritz und Mama Edith steht Papa Theo.
8. Mit dem Schellenring wird das Lied „Kling, Glöckchen, kling" begleitet.
9. Die Gitarre begleitet das Lied „Leise rieselt der Schnee".
10. Ein Familienmitglied hat das Lied „Morgen kommt der Weihnachtsmann" dabei.
11. Am rechten Rand steht Paul mit seinem Schellenring.

GESCHENKE UNTERM TANNENBAUM

Heute ist der Wichteltag und alle Kinder haben ihre Geschenke unter den Baum im Klassenzimmer gelegt. Nach und nach werden die Geschenke verteilt. Doch ein paar Geschenke wurden nicht beschriftet.

Lies die Hinweise.
Male die Geschenke richtig an und schreibe die Namen der Besitzer darunter.

Finde heraus: Wem gehört das Geschenk mit der türkisfarbenen Schleife? ______________

	Geschenk 1	Geschenk 2	Geschenk 3	Geschenk 4
Farbe Schleife				
Farbe Deckel				
Farbe Karton				
Name				

1. Ein Geschenk hat eine türkisfarbene Schleife.
2. Zwischen Heddas und Lukas Geschenk steht das Geschenk von Lamin.
3. Links neben dem Geschenk mit einem gelben Deckel steht ein Geschenk, das einen blauen Deckel und eine blaue Kiste hat.
4. Die Geschenke in der Mitte sind in rotem Papier eingewickelt und haben gelbe Deckel.
5. Mellis Geschenk hat einen blauen Deckel und eine gelbe Schleife.
6. Ein Geschenk ist komplett in grünes Papier eingewickelt.
7. Lukas Geschenk steht am Rand.
8. Rechts steht ein Geschenk mit einer pinkfarbenen Schleife.
9. Heddas Geschenk hat eine grüne Schleife.

GESCHENKE UNTERM TANNENBAUM

Heute ist der Wichteltag und alle Kinder haben ihre Geschenke unter den Baum im Klassenzimmer gelegt. Nach und nach werden die Geschenke verteilt. Doch ein paar Geschenke wurden nicht beschriftet.

Lies die Hinweise.
Male die Geschenke richtig an und schreibe die Namen der Besitzer darunter.

Finde heraus: Wem gehört das Geschenk mit der türkisfarbenen Schleife? ______________

	Geschenk 1	Geschenk 2	Geschenk 3	Geschenk 4	Geschenk 5
Farbe Schleife					
Farbe Deckel					
Farbe Karton					
Name					

1. Ein Geschenk hat eine türkisfarbene Schleife.
2. Zwischen Heddas und Lukas Geschenk steht das Geschenk von Lamin.
3. Links neben dem Geschenk mit einem gelben Deckel steht ein Geschenk, das einen blauen Deckel und eine blaue Kiste hat.
4. Die drei Geschenke in der Mitte sind in rotem Papier eingewickelt und haben gelbe Deckel.
5. Mellis Geschenk hat einen blauen Deckel und eine gelbe Schleife.
6. Ein Geschenk ist komplett in grünes Papier eingewickelt.
7. Aylas Geschenk steht am Rand.
8. Rechts steht ein Geschenk mit einer pinkfarbenen Schleife.
9. Heddas Geschenk steht links von Lamins Geschenk.
10. Lukas Geschenk hat eine blaue Schleife.
11. Neben dem Geschenk mit der gelben Schleife steht ein Geschenk mit einer grünen Schleife.

GESCHENKE UNTERM TANNENBAUM

Heute ist der Wichteltag und alle Kinder haben ihre Geschenke unter den Baum im Klassenzimmer gelegt. Nach und nach werden die Geschenke verteilt. Doch ein paar Geschenke wurden nicht beschriftet.

Lies die Hinweise.
Male die Geschenke richtig an und schreibe die Namen der Besitzer darunter.

Finde heraus: Wem gehört das Geschenk mit der türkisfarbenen Schleife? **Lamin**

Mögliche Reihenfolge: 4 – 8 – 3 – 6 – 5 – 7 – 2 – 9 – 1

	Geschenk 1	Geschenk 2	Geschenk 3	Geschenk 4
Farbe Schleife	Gelb	Grün	Türkis	Pink
Farbe Deckel	Blau	Gelb	Gelb	Grün
Farbe Karton	Blau	Rot	Rot	Grün
Name	Melli	Hedda	Lamin	Lukas

1. Ein Geschenk hat eine türkisfarbene Schleife.
2. Zwischen Heddas und Lukas Geschenk steht das Geschenk von Lamin.
3. Links neben dem Geschenk mit einem gelben Deckel steht ein Geschenk, das einen blauen Deckel und eine blaue Kiste hat.
4. Die Geschenke in der Mitte sind in rotem Papier eingewickelt und haben gelbe Deckel.
5. Mellis Geschenk hat einen blauen Deckel und eine gelbe Schleife.
6. Ein Geschenk ist komplett in grünes Papier eingewickelt.
7. Lukas Geschenk steht am Rand.
8. Rechts steht ein Geschenk mit einer pinkfarbenen Schleife.
9. Heddas Geschenk hat eine grüne Schleife.

GESCHENKE UNTERM TANNENBAUM

Heute ist der Wichteltag und alle Kinder haben ihre Geschenke unter den Baum im Klassenzimmer gelegt. Nach und nach werden die Geschenke verteilt. Doch ein paar Geschenke wurden nicht beschriftet.

Lies die Hinweise.
Male die Geschenke richtig an und schreibe die Namen der Besitzer darunter.

Finde heraus: Wem gehört das Geschenk mit der türkisfarbenen Schleife? **Lamin**

Mögliche Reihenfolge: 4 – 8 – 3 – 6 – 5 – 7 – 11 – 2 – 9 – 10 – 1

	Geschenk 1	Geschenk 2	Geschenk 3	Geschenk 4	Geschenk 5
Farbe Schleife	Gelb	Grün	Türkis	Blau	Pink
Farbe Deckel	Blau	Gelb	Gelb	Gelb	Grün
Farbe Karton	Blau	Rot	Rot	Rot	Grün
Name	Melli	Hedda	Lamin	Lukas	Ayla

1. Ein Geschenk hat eine türkisfarbene Schleife.
2. Zwischen Heddas und Lukas Geschenk steht das Geschenk von Lamin.
3. Links neben dem Geschenk mit einem gelben Deckel steht ein Geschenk, das einen blauen Deckel und eine blaue Kiste hat.
4. Die drei Geschenke in der Mitte sind in rotem Papier eingewickelt und haben gelbe Deckel.
5. Mellis Geschenk hat einen blauen Deckel und eine gelbe Schleife.
6. Ein Geschenk ist komplett in grünes Papier eingewickelt.
7. Aylas Geschenk steht am Rand.
8. Rechts steht ein Geschenk mit einer pinkfarbenen Schleife.
9. Heddas Geschenk steht links von Lamins Geschenk.
10. Lukas Geschenk hat eine blaue Schleife.
11. Neben dem Geschenk mit der gelben Schleife steht ein Geschenk mit einer grünen Schleife.